THÉODORE DE BANVILLE

— SCÈNES DE LA VIE —

LES
BELLES POUPÉES

Avec un dessin de GEORGES ROCHEGROSSE

PARIS

G. CHARPENTIER ET Cie, ÉDITEURS

11, RUE DE GRENELLE, 11

1888

LES BELLES POUPÉES

IL A ÉTÉ TIRÉ DE CET OUVRAGE :

30 exemplaires numérotés sur papier de Hollande,
au prix de 7 francs.

Et 10 exemplaires numérotés sur Chine,
au prix de 12 francs.

Paris. — Imprimerie G. Rougier et Cⁱᵉ, 1, rue Cassette.

THÉODORE DE BANVILLE

— SCÈNES DE LA VIE —

LES
BELLES POUPÉES

AVEC UN DESSIN DE GEORGES ROCHEGROSSE

PARIS

G. CHARPENTIER ET Cie, ÉDITEURS

11, RUE DE GRENELLE, 11

1888

LES BELLES POUPÉES

PROLOGUE

Dans la rue des Archives, à l'entrée d'une petite allée noire, je vis sur la muraille ces mots écrits, en couleur jaune, par un peintre en lettres d'une habileté initiale : *Chanderlos, fabricant de poupées, au troisième étage.* Pensant que je trouverais là, à bon compte, ce que je cherchais, je montai donc à ce troisième étage, qui n'était guère plus haut qu'un premier. Je tournai le loquet, et je vis devant moi une enfilade de toutes petites pièces, si basses que, selon le célèbre mot de Cham, on n'y aurait pu manger autre chose que des soles. Des esquisses d'argile ou de cire récemment pétries, des pots de couleur, des cartonnages, des figurines encore humides et qui séchaient, des satins, des ors, des peluches, de tout petits souliers, de toutes petites ombrelles, voilà ce que je vis sous les plafonds sales, où les lampes et les chandelles avaient dessiné des arabesques. Au milieu de tout cela, chevelu, ravagé, pareil à un homme de mil huit cent trente, qu'il est, Chanderlos se promenait, prenant tantôt la brosse, tantôt l'ébauchoir, d'autres fois le marteau et les petites pointes, et s'occupant à la fois des besognes les plus diverses, car il n'a pas d'ouvriers et fait tout lui seul.

Près d'une fenêtre donnant sur la cour obscure, assise sur une chaise de paille, la fille de Chanderlos, mademoiselle Barbe (j'ai su plus tard son nom) taillait, cousait les étoffes splendides, dans ses petits doigts transparents et frêles, et habillait une poupée, tandis que d'autres, couchées près d'elle sur un tabouret, attendaient leur tour. Toute mince et pâle, semblable à une fleur éclose dans une cave, toute jolie avec ses petits traits, ses yeux d'un bleu triste et ses cheveux châtains, plus légers qu'un souffle, lissés en bandeaux, mademoiselle Barbe avait l'attitude résignée et pensive des êtres qui ne doivent jamais voir le soleil.

— Monsieur, dis-je au vieux Chanderlos qui, après un temps assez long, m'aperçut, quels sont les prix de vos poupées?

— C'est selon, dit-il. Pour un bourgeois, car vous êtes, je pense, un simple bourgeois?

— Oui, répondis-je, d'une extrême simplicité.

— Eh bien! reprit le vieillard, j'en ai depuis vingt-cinq louis.

— Mon Dieu! fis-je avec modestie, je voulais acheter une poupée pour l'enfant adoptée par ma portière, pour la petite Nine, dont le caraco fait dans la cour de ma maison une si belle tache écarlate, et je pensais y mettre une bonne pièce de trois francs.

— En principe, me dit Chanderlos, vous avez raison, et une poupée de trois francs vaut toutes les autres poupées, car elle tire son importance de l'illusion qu'elle procure et de l'amour qu'elle éveille. Et à ce point de vue, si vous voulez savoir toute ma pensée, je vous dirai que la catau grossièrement fagotée par une fillette, avec des chiffons et des bouts de linge quelconques, suffit parfaitement à faire naître et à entretenir chez le petit être la passion maternelle. Mais ici, monsieur, il s'agit d'autre chose; je suis un artiste, et les figures que je crée sont, en réalité, non pas des poupées, mais des personnes. Approchez-vous et regardez leurs visages, vous les reconnaîtrez; c'est des effigies d'êtres vivants, comme ces portraits d'après lesquels un Michelet devinait toute une histoire, la genèse d'un personnage illustre et l'âme d'un siècle. Souvenez-vous : celle-ci, vous l'avez vue au Bois, dans les salons, à la Comédie; celle-là, dans sa maison somptueuse; les autres, dans les villes d'eaux, dans les jardins, partout, et il n'en est pas une dont les traits charmants n'aient été égratignés par l'ongle féroce de la Vie.

— En effet, dis-je, après avoir contemplé les figures, ces personnes, comme vous dites, reproduisent exactement l'aspect d'autres personnes plus grandes, que j'ai certainement vues.

— Et, dit Chanderlos, chacune d'elles pourrait vous raconter son histoire, et quand vous auriez emmagasiné dans votre tête tous ces récits, rien ne vous empêcherait d'en faire une petite — oh! il est vrai, bien petite! — *Comédie humaine*.

— Monsieur, lui dis-je, vous êtes bien honnête, mais la grande me suffit parfaitement.

— Certes, dit Chanderlos, elle me suffit aussi. En tant qu'éléphant, rien ne vaut un éléphant véritable, qui casse les bambous en marchant, foule sous ses pieds des guerriers vaincus, et porte dans sa tour un roi armé d'un arc d'or, ou une princesse plus brillante que les étoiles. Mais il y a aussi de très petits éléphants, essentiellement minuscules, à peine gros comme des abeilles, que les ouvriers de Ceylan taillent, pour le plaisir de nos yeux, dans les plus blancs ivoires. On peut mettre cela sur sa cheminée, où cela tient toujours une petite place, et cela ne laisse pas d'amuser les personnes qui viennent vous rendre visite.

— Monsieur, dis-je à l'artiste, je n'ai pas à ma disposition d'assez bel ivoire pour y tailler même une réduction de colosse, bonne à être rangée dans un porte-monnaie. Cependant, permettez-moi une objection. Vous m'avez dit que vos poupées me raconteraient leurs histoires. Prétendez-vous, par hasard, que ces statuettes de carton, de bois et de plâtre, colorées par des artifices, auraient la faculté de parler, de proférer des sons et d'employer des vocables humains?

— Pas du tout, dit Chanderlos, et il n'est nullement utile d'inventer un surnaturel chimérique et factice, quand le vrai surnaturel est partout et nous crève les yeux! Non, monsieur, mes poupées ne parlent pas, et c'est un grand avantage qu'elles ont sur les hommes mortels. Mais avez-vous remarqué à quel point il est facile d'apprendre et de savoir tout, sans employer ces outils superflus, qui se nomment : les langages articulés? Regardez un passant ou une passante, interrogez ses traits avec une absolue sincérité, et ces mêmes traits vous raconteront fidèlement tout, son histoire, sa vie et son âme, que vous, comprendrez, pourvu que vous n'ayez pas la tête obstruée par des lieux communs et des idées toutes faites. Supposez que, sans l'avoir jamais vu auparavant, vous ayez rencontré Gambetta. Son visage ne vous aurait-il pas raconté sa vie, ses luttes, sa passion d'orateur ? Est-ce que l'œil endiablé et le nez envolé de Coquelin ne disent pas tout le grand répertoire, y compris *L'Étourdi*, avec le grand récit du cinquième acte, dont un bon observateur, en regardant la bouche éloquente de ce comédien, pourrait deviner les rimes ? Interroger humblement et résolument le visage humain, il n'y a jamais eu que cette seule manière de se procurer ce qu'on nomme aujourd'hui : des documents, et Gavarni et Balzac n'en ont jamais connu d'autre. Car les femmes de chambre mentent, les petites demoiselles qui vous confient leurs souvenirs les ont lus dans de mauvais romans; mais des yeux, un nez, une bouche sont forcés de dire la vérité si on la leur demande. Les plans et les lignes sont obligés à la sincérité, et le visage même de la Joconde est forcé de dire : Je mens ! Oui, tout visage parle d'autant mieux et plus nettement qu'il parle sans rien dire, et c'est à ce titre seulement que mes poupées peuvent causer avec vous. Après les avoir écoutées, vous connaîtrez tous les mouvements sérieux ou bouffons qui animent la vie, et pour égaler Balzac lui-même, il ne vous manquera plus rien que l'invention, le génie, l'esprit, l'imagination et le style.

— A la bonne heure, dis-je, voilà qui va des mieux ; mais, monsieur Chanderlos, expliquez-moi comment vous êtes parvenu à savoir modeler ces figures où se confondent si impeccablement la nature et l'art, et à qui il manque seulement des âmes, si toutefois les poupées n'en ont pas, ce qu'il faudrait démontrer.

— Monsieur, dit Chanderlos, j'ai subi des transformations diverses. D'abord statuaire, élève du baron Bosio et prix de Rome, j'ai exécuté en marbre des Thémistocles et des statues de l'Abondance, qui, achetés par le Gouvernement, ont orné les jardins publics ; car il y a de sots métiers ! Mais enfin, j'ai éprouvé le besoin de rompre avec les pompiers de la tragédie, aussi horribles que les vrais pompiers sont utiles et magnifiques ! Je me suis remis à étudier le dessin, d'abord avec le père Ingres, puis avec mon camarade Alfred Dehodencq, et ces deux grands hommes m'ont appris à savoir, le crayon à la main, fixer immédiatement un mouvement, une impression, l'expression d'une tête, et à faire des croquis justes, aussi rapides que l'instant qui fuit. Je me suis beaucoup adonné à cet exercice dans les rues, tout en étudiant assidûment les chefs-d'œuvre de Daumier. Puis, saisi par la rage de la création, je suis allé plus loin. Je me suis dressé à fixer seulement l'image dans mon cerveau et, rentré chez moi, à la recopier fidèlement, soit en la dessinant au crayon ou au pastel, soit en la modelant, toute vive, dans l'argile. Mais il me restait à subir l'épreuve suprême, la plus difficile de toutes, et voici en quoi elle consiste. En rencontrant, aux Champs-Élysées, par exemple, une passante digne de m'intéresser, j'avais soin d'interroger ses traits, et je notais fidèlement dans mon esprit l'histoire qu'ils m'avaient racontée. Puis, quand, l'ébauchoir à la main, j'avais reproduit l'image de cette passante, je l'interrogeais à son tour, et si son récit ne concordait pas exactement avec le premier, s'il y avait quoi que ce fût de changé, une circonstance, une image, une métaphore, une épithète, fût-ce une simple virgule, mon ouvrage n'était pas bon, je fracassais la maquette molle, et je recommençais ! Mais bientôt, je travaillais à coup sûr, lisant les âmes aussi aisément qu'un journal du matin. C'est ainsi, monsieur, que je cessai d'être l'inutile casseur des cailloux de Paros et de Carrare, pour jardins publics, et que je devins digne de m'établir statuaire de poupées.

— Monsieur, dis-je au vieux Chanderlos, vous faites tomber des écailles de mes yeux, d'où il en est déjà tant tombé, et qui cependant en restent couverts, comme le monstre du récit de Théramène. Il est sans doute malaisé d'imaginer l'*Iliade* ou *Atta Troll;* mais il n'est pas facile non plus de créer des dames en carton, vêtues de riches étoffes. Donc, pour amuser la petite Nine, je m'en tiens à ce que j'ai dit; j'entrerai au premier bazar venu, et je lui achèterai une catau de trois francs. Mais il n'est pas impossible que j'achète aussi quelques-unes de vos personnes, pour moi-même, pour leur demander leurs secrets, pour m'instruire et, comme disait Baudelaire, pour m'amuser personnellement.

— A la bonne heure, dit Chanderlos, mais je ne veux pas vous vendre chat en poche. Prenez donc votre temps; feuilletez mon troupeau de femmes, et, si le cœur vous en dit, écrivez sous leur dictée des contes qui font oublier les heures.

Ayant ainsi parlé, le statuaire sortit, emmenant avec lui sa fille, mademoiselle Barbe, aux tristes yeux bleus, mince et frêle comme un lys. Et moi, resté seul avec les poupées, j'écoutai leurs belles histoires.

I

SINGULIÈRE ÉNIGME

— Oui, dit madame Cécile Joannon à son amie Louise Orélia, les portes de cette chambre sont bien fermées, et aussi celles de la chambre prochaine, et aussi celles qui sont au delà, et personne ne pourra savoir si nous avons tenu des discours qui ne conviennent pas à la modestie de notre sexe. D'ailleurs, pourquoi ne l'avouerais-je pas, puisque nous sommes nées à deux jours de distance l'une de l'autre? nous sommes vieilles; moi, du moins, je suis vieille; car ma jeunesse a fleuri sous le second Empire, c'est-à-dire à l'époque où, ainsi que le constatent les historiens, la France n'était pas encore vertueuse. Continuez donc, je vous prie, et parlez en toute liberté.

— Eh bien! oui, dit madame Orélia, c'est à vous seule, chère Cécile, que je l'avoue, ma guenille m'est affreusement chère! Ce qu'on affirme être si peu de chose en amour, cette joie matérielle et grossière que ressentent également la vachère et la déesse, ces plaisirs des sens auxquels il faut bien que les plus belles paroles aboutissent, car les plus subtiles abstractions de quintessence n'ont encore rien trouvé de mieux que le baiser ; ce spasme d'une seconde, définitif et suprême, que le roi Louis XV aurait voulu prolonger pendant des heures, oubliant, en sa légère pensée, que si on employait l'or à en faire les pavés des rues, il ne serait plus bon à faire des joyaux ; ces mystérieuses délices où la Vie et la Mort se confondent, et nous emportent, d'un accablant coup d'aile, au delà de notre être sensibilisé et transfiguré, me paraissent être ce qu'il y a de meilleur sur la terre, où d'ailleurs rien autre chose, à ce que je crois, n'existe réellement. Ne pensez-vous pas comme moi?

— Hélas! dit tristement madame Joannon, sur ce point je manque malheureusement d'informations, et ces enchantements, dont le souvenir vous transporte, je n'en pourrais guère parler que comme un aveugle des couleurs.

— Oh! pauvre petite! dit madame Orélia avec une sincère commisération. Quoi, se peut-il! vous avez mordu avidement les savoureuses pommes d'Ève, et dans votre bouche de rose vous n'avez rien senti qu'un peu de cendre! On vous a payée en bon or comptant, et quand vous avez ouvert votre petite main enfantine, il n'y avait rien dedans que des feuilles sèches! C'est à faire pleurer les pierres. Ah! mon amie, si je pouvais vous le faire deviner par la pensée, ce monde fermé devant vos pas, vous y verriez des palais auprès desquels ceux de Sémiramis sont des étables, et des fleurs de diamants qui feraient ressembler à un ruisseau bourbeux le fulgurant flot d'or du Pactole!

— Hélas! dit la jolie Cécile, n'allons pas si vite! ce que je ne sais pas, à mon grand dam! je ne l'ignore pas non plus complètement. En cette affaire, comme toujours, la réalité dépasse en imprévu les imaginations les plus folles. Mon histoire est si extraordinaire que, si un conteur s'avisait de l'écrire, on le mettrait aux Petites Maisons. Aussi les artistes ont-ils raison de ne pas se colleter avec la vie réelle, et de s'en tenir aux lieux communs habilement présentés.

— Mais moi je vous croirai, dit Louise Orélia, car je sais, pour l'avoir expérimenté, que le vrai ne peut jamais être vraisemblable. Dites-moi donc votre conte, qui déjà m'intéresse infiniment; car, d'après les quelques mots que vous m'avez dits, il me semble que vous n'avez pas su prendre un parti dans la grande question d'Être ou de ne pas Être, et que vous n'êtes, au bout du compte, ni chair ni poisson !

— Oh ! dit Cécile, je ne sais ce que je suis, et c'est bien ce qui fait ma peine. Mais, mon amie, je vais m'acquitter en hâte avec les événements, pour arriver le plus vite possible à ce qu'on pourrait appeler : le Cas de madame Joannon !

— Oh ! dit madame Orélia impatiente, parlez, parlez vite ! Je flaire déjà quelque bonne Chimère, avec une poitrine de chèvre et des griffes d'oiseau !

— Quand je fis mon entrée dans le monde, dit Cécile, jolie, je puis le dire à présent, avec beaucoup de cheveux châtains et de petites dents solides, qui auraient pu me servir à me suspendre en l'air sous un ballon, et pas plus bête qu'un autre, monsieur Joannon, qui occupait une haute charge, était un vieux libertin, ayant besoin en amour de piments et de picrates que ne fournit communément aucune femme légitime. Aussi me laissa-t-il pour compte, en m'accordant d'ailleurs une pleine et entière liberté, dont je ne savais que faire. Car mon cœur imitait de Conrart le silence prudent, et mes ignorances étaient si profondes et si nombreuses, que j'ai le droit d'en parler au pluriel.

— C'est alors, dit Louise, que vous avez rencontré une amie...

— Oui, dit Cécile, avec qui je me liai étroitement. Ce fut la très belle Laure Phanner, à qui son étonnante beauté, sa grande richesse, la haute situation de son mari, qui était, comme le mien, un don Juan sur tous les retours, permettaient, à son gré, d'être vertueuse ou de ne pas l'être. Elle avait choisi ce dernier parti, et vous connaissez ses amours célèbres. Elle me représenta qu'en certains cas l'avarice est une dilapidation, que je laissais perdre inutilement le bien du diable, enfin tout ce que vous savez. Il me fallait un consolateur, elle l'avait tout prêt, et me donna de sa main monsieur Armand de Théroude, cet officier d'état-major beau comme un prince Charmant, qui avait tout pour lui, naissance, esprit, bravoure, et le reste. On pouvait le résumer par un mot : la Perfection. Il savait aimer, amuser, respecter une femme, timide ou audacieux selon qu'il le fallait. Il me plut absolument, du moins à ce que je pus croire.

— Et alors, dit madame Orélia, ce fut lui qui vous fit éprouver...

— Rien du tout, dit madame Joannon. Laure Phanner pensa que, cette épreuve n'ayant pas réussi, il fallait en essayer une autre, et par ses conseils, je cédai au jeune et illustre avocat Armandie, le plus éloquent des hommes, qui persuaderait aux anguilles de se faire écorcher vives. Il me persuada tout ce qu'il voulut, mais n'éveilla pas mon sang engourdi en un calme sommeil. J'aimai, je crus aimer Nayville, le compositeur Césairé, qui joue du piano avec d'agiles doigts de virtuose : mais à quoi bon pousser plus loin cette triste nomenclature? Mes serviteurs se succédaient, comme des acteurs affairés qui rapidement traversent la scène, et on pouvait dire d'eux, comme dans *la Légende des Siècles* :

Un autre, un autre, un autre, un autre, ô cieux funèbres!

— Diable! dit madame Orélia. Dans tout cela, maintenant, c'est le dénouement qui m'intrigue !

— J'y arrive, dit madame Joannon. A ce moment-là, madame Phanner et moi, nous étions voisines de campagne, à quatorze kilomètres l'une de l'autre, car Laure habitait, près de Pierrefonds, son château de Vignolles, et nous, à Compiègne, tout près de la forêt, une jolie maison avec un parc planté d'arbres antiques. Chez l'une comme chez l'autre de nous, le voisinage des fêtes impériales attirait des hôtes nombreux, et nous avions souvent fort agréable compagnie. J'étais allée passer une journée chez Laure, où se trouvaient réunis force gens amusants et illustres, et, pour tout dire en un mot, la fine fleur, le dessus du panier de la société parisienne. Cette élite de seigneurs, de brillants officiers, de poètes et d'artistes n'était déparée que par une exception unique; mais l'homme qui faisait tache parmi ces héros de la vie avait pour lui une excuse : c'est qu'il était le propre cousin de Laure Phanner. C'était un fabricant de draps d'Elbeuf, pas jeune du tout et pas encore vieux, ordinaire, honnêtement vêtu, chez qui la vulgarité n'était pas poussée à ce degré d'exaspération où elle devient intéressante. Il n'avait même pas le mérite de s'appeler Dupont ou Durand, ce qui constitue une sorte d'originalité à rebours, à laquelle des Esseintes peut n'être pas insensible. Il se nommait simplement Loisy, et il aurait ressemblé à tout le monde, si son visage n'eût été orné d'une de ces barbes en collier dont l'usage fut souverain en même temps que le roi Louis-Philippe, et dont la mode surannée, à l'époque dont je vous parle, s'était déjà restreinte à quelques rares cochers de fiacre. Je n'ai pas à vous dire l'impression que monsieur Loisy produisit sur moi; il n'en produisit aucune; il était quelconque, et ne mérite pas d'autre appréciation. La journée se passa en jeux, en promenades, en musique. J'avais bien promis à monsieur Joannon de rentrer à Compiègne le soir même ; toutefois, quand les invités se furent retirés chez eux, je restai un assez long temps à causer avec Laure, car nous avions à échanger de nombreuses confidences. Il était déjà fort tard lorsque ma voiture fut attelée, mais j'ai toujours aimé à voyager la nuit, et d'ailleurs il faisait clair de lune.

Cependant les nuages s'amoncelèrent ; bientôt les arbres furent tordus par un ouragan furieux, et, au moment où j'allais partir, le ciel s'alluma de soudains éclairs. Bientôt la pluie tomba avec furie ; on n'eût pas mis un poète dehors, à plus forte raison une jolie femme, et je fus bien forcée de rester à Vignolles. Mais ici une difficulté se présentait ; le château était bondé, toutes les chambres étaient prises. Laure m'offrit bien de partager la sienne ; mais je n'acceptai pas, sachant que mon amie a, la nuit, des crises d'étouffement, et pensant qu'il lui aurait déplu de se montrer à moi dans le désordre que produisent ces cruelles souffrances. Il fallut faire contre fortune bon cœur. On fit lever une lingère, mademoiselle Eulalie, qui était venue travailler en journées au château ; on mit à son lit des draps blancs ; une femme de chambre emmena cette exilée avec elle, et je me couchai à la place qu'elle venait d'abandonner. Il fut convenu que, pour ne pas trop inquiéter mon mari, je partirais au petit lever du jour ; aussi laissai-je la clef sur la porte de ma chambre, afin qu'on pût m'éveiller sans faire de bruit, ni troubler personne.

Mais le sommeil effleurait à peine mon front et mes paupières lorsque j'entendis la clef tourner dans la serrure, et quelqu'un entra. Je me tus, je n'appelai pas, je ne dis rien : par quels sentiments compliqués et mystérieux? Quelle secrète pensée me conseilla le silence? Fut-ce l'horreur du bruit et du tumulte, ou la vague terreur qui vous force à rester immobile, ou une lancinante curiosité, que je ne m'avouai pas? Quoi qu'il en soit, je me sentis bientôt saisie et pressée entre deux bras robustes, baisée sur le front, sur les cheveux, sur les lèvres, sur le visage, et alors, ô mon amie, comme si se fût déchiré le voile qui me cachait la vie et tout, je les connus, ces spasmes, ces sanglots, ces frémissements, ces plaisirs inouïs, ces sensations de ravissement vertigineux et mortel que j'avais si souvent rêvés et entendu raconter, comme le Petit Poucet et Peau d'Ane, mais que je ne connaissais pas davantage. Quel flamboyant Archange m'ouvrait ainsi les portes de diamant des paradis d'étoiles et de fleurs?

Il n'y avait pas à en douter, c'était monsieur Loisy, le marchand de draps d'Elbeuf ; j'avais reconnu la coupe extraordinaire de sa barbe ; cependant je roulais, éperdue et subtilisée, à travers les abîmes d'extase, aussi étonnée que si un ânier du village voisin avait inventé l'*Iliade!*

Je m'endormis enfin, et quand je me réveillai, j'étais seule. Au matin, je ne partis pas, parce que mon mari, inquiet, était accouru, et nous restâmes quelques jours de plus chez madame Phanner. Naturellement je revis le marchand de draps, et, croyez-le bien, je n'eus pas du tout l'idée de lui crier : Je vous aime, ni de recommencer avec lui ces heures uniques de ma vie, pendant lesquelles j'ai été femme ! Plus que jamais, je le vis quelconque, impersonnel, pas plus fait pour devenir un amant qu'un sultan des Turcs. D'ailleurs, il ignorait complètement sa bonne fortune et son crime, croyait n'avoir outragé que mademoiselle Eulalie, comme il en avait coutume, et ne savait pas du tout qu'il m'avait fait subir ainsi les dernières délices. Qui a bu boira, ma chère Louise; vous le devinez, de nouveau j'ai voulu effeuiller les marguerites avec des hommes beaux, adorés et charmants ; c'est comme si j'avais chanté : *Femme insensible!* De nouveau j'étais devenue de marbre et de pierre et de glace, et je pouvais dire de moi ce que madame de Pompadour disait d'elle-même : Je suis froide comme une macreuse ! Telle est mon histoire.

— Elle est, dit madame Orélia, tout à fait particulière et comporte des moralités très diverses. D'abord, elle prouve une chose déjà prouvée depuis longtemps ; c'est que l'Amour, non seulement souffle où il veut, mais fait tout ce qu'il veut, et comme il veut. Secondement, elle nous enseigne qu'il ne faut pas juger sur l'apparence, ni même sur la réalité. Car peut-être faites-vous beaucoup trop bon marché de monsieur Loisy, et il n'est nullement impossible de supposer que ce fabricant de draps ait été doué d'un génie spécial ! Enfin, elle nous montre que les idées reçues et passées à l'état de formules sont brutalement démenties par les faits. Le mécanisme de nos sens et de nos organes nous est profondément inconnu. C'est pourquoi, si les romans voulaient approcher de la vérité, qu'ils cherchent toujours, ils devraient tous être écrits par de grands physiologistes...

— Qui alors, dit madame Joannon, ne sauraient pas les écrire ! Car c'est un cercle vicieux.

II

MARIAGE FORCÉ

Messieurs, dit le colonel Saulquin, un homme et une femme peuvent-ils se rencontrer, se reconnaître et s'aimer, *bien qu'ils aient été évidemment faits l'un pour l'autre?* Bien entendu à l'état d'exception monstrueuse, je crois le fait possible, car le hasard fait tout ce qu'il veut, et même quelquefois ce qu'il ne veut pas. Mais, sur ce point, mon historiette vous en dira plus que tous les raisonnements.

Le plus étrange officier que j'aie jamais eu sous mes ordres est certainement le capitaine Michel Gensomm, dont le père, le colonel Gensomm, qui mourut au moment où son fils unique allait naître, a laissé de si admirables travaux sur l'art de fortifier les places de guerre et sur la balistique. Ce jeune homme, que j'ai vu brave à la guerre comme un lion, se souciant de sa vie comme d'une vieille pantoufle, est en même temps riche de trois millions, beau comme un dieu, fort comme un Turc, sans rival à l'escrime, étonnant dompteur de chevaux et nageur intrépide, soumettant les fleuves, fendant les tourbillons et coupant les herbes meurtrières qui l'arrêtent. Avec cela, sobre et chaste ; il ne fumait pas, buvait de l'eau et vivait comme une fille. L'an dernier, il a épousé une petite mercière, et j'ai été son témoin.

Michel Gensomm, qui n'ennuyait personne de sa tristesse, était atteint d'une tristesse inguérissable, parce que, bien qu'il n'en parlât jamais, excepté à moi et très rarement, il ne pouvait du tout oublier, se consoler d'avoir perdu sa mère, et, après des années écoulées, sa douleur était telle qu'au premier jour. Mais quelle mère! charitable, aumônière, à la fois énergique et tendre; vaillante aussi, car en 70, seule dans son château avec des serviteurs, elle fit le coup de fusil contre des tirailleurs hulans, qui n'entrèrent pas et rebroussèrent chemin, madame Marie Gensomm était fille du célèbre helléniste Laurain, membre de l'Institut. Comme elle devait travailler plus tard avec son mari, elle travailla, jeune fille, avec son père, copiant, comparant et rectifiant les textes, compulsant les scholies, corrigeant les épreuves, et elle était devenue profondément savante. Mais pas du tout une Femme Savante, dans le sens que Molière attache à l'association de ces deux mots. Son esprit se haussait sans nul effort à connaître une culotte d'avec un caleçon, et elle ne s'y trompait nullement, quand elle faisait ses lessives à la rivière.

Madame Gensomm enseigna toute seule à son fils les langues anciennes, les sciences, l'anglais, le dessin, la musique, et, par-dessus tout, elle lui apprit à donner toujours, à ne pas laisser autour de lui une misère non soulagée, et à être prodigue de sa personne et de ses soins autant que de son argent. Michel grandit sans avoir entendu une bêtise ou un mot corrupteur; son esprit ne fut souillé par rien; il avait vécu dans la familiarité des génies; il avait la tête pleine de belles images; il était comme un marbre bien poli, sur lequel glisseraient plus tard, comme des gouttes d'huile, les ordures et les niaiseries de la conversation courante.

Quant à l'éducation physique, elle fut donnée à Michel par un ancien sous-officier, prévôt de régiment, nommé Jorger, que le colonel Gensomm avait choisi pour intendant, après l'avoir pris en amitié à cause de sa bravoure. Pour apprendre la natation à son élève, il le jeta d'abord dans un torrent, comme un petit chien;

il l'encouragea à monter sur les chevaux les plus sauvages, en s'y prenant comme il pourrait : les principes vinrent ensuite. Il lui inculqua ce principe que la vie ne vaut pas un fêtu, que les têtes, les jambes, les bras, les reins sont faits pour être cassés, et que si on les casse, cela ne fait absolument rien. Il lui démontra, selon les plus classiques et savantes règles, l'escrime, le bâton, la savate, la lutte, le pugilat, résumant enfin ses leçons en une seule, qui consiste à n'avoir peur de rien.

Tel était Michel Gensomm ; parlons maintenant de la mercière, mademoiselle Claire Gilis. Elle tenait dans la rue Sous-Saint-Jean, près du Cours, une petite boutique assez bien assortie, qu'elle avait héritée de sa mère. Rien ne lui manquait pour exercer son métier, si ce n'est qu'elle était affligée d'un défaut capital. En effet, elle était belle comme les anges, scandaleusement belle ; elle semblait une impératrice d'Orient, vendant du coton rouge à marquer le linge et du ruban de fil. Avec cela, une vertu sincère, nullement diablesse, et une âme très haute. Les officiers du régiment qui nous avaient précédés à C... avaient tous tenté la conquête de Claire ; mais elle s'était défendue avec tant de décision et de douceur, qu'ils avaient compris l'inutilité de leurs tentatives.

Des maris, de petits bourgeois, de bons ouvriers se présentèrent ; mais mademoiselle Gilis les refusa l'un après l'autre, ne pouvant se résoudre à leur honnête vulgarité. D'ailleurs, cachant sous un bonnet de linge ses cheveux magnifiques, vêtue d'une triste robe sombre, donnant à son visage une expression indifférente, tenant ses yeux baissés, elle faisait tous ses efforts pour éteindre sa beauté importune ; si cela eût été en son pouvoir, elle l'eût tout à fait supprimée.

Elle vivait comme une sœur des pauvres. Tous les moments libres que lui laissait son commerce, elle les employait à s'occuper des misérables, ardemment et secrètement. Tout près de chez elle se mourait une vieille femme en proie aux plus horribles maux, dévorée par des plaies si infectes, que ses voisines, saisies d'horreur, l'avaient abandonnée.

Claire Gilis alla s'installer près d'elle, la soigna, la pansa, la fit boire, et quand elle fut morte, la lava de ses mains et la cousit dans son cercueil. On croyait que la jeune fille, victime de sa charité, serait elle-même la proie du mal ; mais on la vit reparaître dans sa petite boutique, pâle et un peu lasse, mais ayant sur son noble visage la sérénité du devoir accompli. Dès lors, elle fut entourée d'un respect universel ; on permit à cette jeune sainte de vivre tranquille, et de vendre paisiblement du fil, des aiguilles et des boutons de nacre.

Cependant, nous venions d'arriver dans la petite ville de C..., et là, comme partout, Michel Gensomm eut bien vite sa légende. Lorsqu'il était entré dans mon régiment, on avait un peu raillé ses mœurs de buveur d'eau; mais Michel n'était pas de ceux qu'on raille longtemps. Non seulement il était le meilleur, le plus infatigable et le plus exact des officiers, mais il avait eu, avec ma permission, plusieurs duels, qui généralement avaient mal tourné pour ses adversaires, et qui avaient donné une haute idée de sa force et de sa bravoure. Enfin, à C... on eut l'occasion de savoir définitivement ce qu'il valait. Par une tempête affreuse où le flot se tordait sous les ouragans déchaînés, une barque chavira, montée par un batelier et ses deux petits, qui tous trois tombèrent dans le fleuve.

Personne n'osait leur porter secours, tant l'effort semblait devoir être inutile, et aboutir à une mort inévitable. Mais Michel Gensomm se jeta dans la Loire affolée et furieuse, et, l'un après l'autre, haletant, las, intrépide, ramena au rivage les deux petits d'abord, puis le père. Alors, ayant perdu connaissance, il fut ramené chez lui, où une fièvre intense le tint pendant deux semaines entre la vie et la mort. Pour moi, messieurs, j'étais profondément désolé, mais aussi bien heureux d'avoir dans mon régiment un tel soldat; car que ne peut-on pas avec des hommes pareils?

Dès que Michel fut guéri, il fut littéralement accablé d'invitations, et, dans les salons, il passa tout de suite pour un héros, bien qu'il en fût un réellement; mais lui aussi, il portait la peine de son inouïe et terrifiante beauté; car il avait des yeux et des cils d'Arabe, un teint doucement ambré et de très longues moustaches, douces comme des cheveux de femme. Il avait la grâce du cavalier et du gymnaste; il était élégant naturellement; il l'eût été, costumé en paysan du Danube, avec le sayon en poil de chèvre et la ceinture en joncs marins. Ses trois millions aidant, (car on peut croire qu'ils y étaient pour quelque chose,) Michel Gensomm révolutionna la ville de C... et la mit sens dessus dessous. Toutes les femmes le voulurent, beaucoup de belles et honnêtes dames pour le mauvais motif, et toutes les demoiselles, sans exception, pour le bon motif.

Mon capitaine fut assiégé comme la ville d'Ilion dans la Troade; on établit autour de lui des fossés, des palissades, des ouvrages avancés, tout ce matériel de guerre amoureuse et matrimoniale dont la Province a le génie. Si vous voulez une autre comparaison, on tissa autour de lui une toile d'araignée si compliquée et gigantesque en ses dessins variés, qu'on eût pris dedans tous les aigles du ciel! Mais Gensomm n'aima personne et n'épousa personne. Il se tira d'affaire à force de douceur, d'esprit, de résolution, de générosité aussi, car il donnait aux dames tout ce qu'elles voulaient pour leurs pauvres, et prêtait aux dandies de la ville ses chevaux arabes, qu'ils lui rendaient fourbus. Enfin, il était secouru par la complicité de ses camarades, si souvent obligés par lui, dans le plus profond secret et avec la grâce la plus délicate.

Parmi toutes les femmes de C..., la moins amoureuse de Gensomm ne fut certainement pas la belle mercière, Claire Gilis. Dès la première fois qu'elle avait aperçu le vaillant soldat, avec sa clairvoyance d'être instinctif, elle avait senti, reconnu, deviné l'être pareil à elle; elle avait entrevu les abîmes de tendresse cachés dans l'âme de ce héros élevé par une mère. Dès cet instant, elle se donna à lui complètement, sans restriction, sans retour; mais elle voulait vivre de son amour, le savourer dans la solitude, et elle avait résolu que Michel ne la connaîtrait jamais. Presque tous les jours, le capitaine passait dans la rue Sous-Saint-Jean, pour se rendre à une écurie qu'il avait louée; et comme c'était habituellement à la même heure, mademoiselle Gilis s'y prenait d'avance, se dissimulait derrière un rideau, s'arrangeait pour voir le plus longtemps possible le capitaine, sans être vue par lui. Et quand elle l'avait bien contemplé, elle avait en elle un immense bonheur jusqu'au lendemain; une chaleur délicieuse lui glissait jusqu'à l'âme, et elle se sentait légère comme si elle avait eu des ailes.

Mais heureusement, la meilleure de toutes les précautions est une précaution inutile! Un jour, Michel passa dans la rue plus tôt que d'ordinaire; Claire Gilis n'avait pas pris ses mesures; Michel Gensomm la vit, éclatante de beauté, de jeunesse et d'innocence; lui aussi, il fut frappé par le divin coup de foudre. Soudainement, tout de suite et en une seconde, il aima exclusivement et passionnément la seule femme qu'il devait aimer jamais. Et plus tard, lorsqu'il me raconta cette scène et que je m'étonnais, admirant qu'il eût été envahi par une impression si rapide, il me l'expliqua fort bien; car, me dit-il, dans les limpides prunelles de la jeune fille brillait cet éclair de charité, de pitié suprême, qu'il n'avait pas revu depuis qu'il avait fermé les paupières de sa mère adorable.

Cependant, avec sa décision ordinaire, Gensomm était entré dans la boutique où, en le voyant, Claire se mit à trembler comme la feuille. Mais s'inclinant devant elle avec un profond respect :

— Mademoiselle, dit-il, voulez-vous être ma femme ?

En entendant ces mots, Claire se dressa, ses yeux s'ouvrirent démesurément, son visage fut envahi par une pâleur mortelle, et elle tomba à la renverse, évanouie. Pendant une demi-heure, elle resta glacée, froide, pareille à un tas de neige, et c'est vainement que Michel, désespéré, lui mouillait le visage, lui faisait respirer des sels, frottait de vinaigre ses tempes et son front. Enfin, elle rouvrit les yeux.

— Mais, dit alors Michel d'une voix désolée et tendre, comment ai-je pu vous causer un pareil effroi ?

— Ah ! dit Claire Gilis, qui alors devint rouge comme une pivoine, aussi rouge qu'elle était pâle tout à l'heure, c'est... que je vous aime !

Le capitaine Gensomm accourut chez moi, me déclara qu'il voulait épouser la mercière, et, bien entendu, je lui fis les indispensables objections ; mais il me menaça de quitter le service, et, tonnerre du diable ! plutôt que de priver la France d'un soldat pareil, j'aurais mieux aimé le voir épouser les onze mille vierges, avec onze mille belles-mères! Sur un seul point je fus inflexible. Michel eût désiré célébrer ses noces à C...; mais s'il eût fait cela, si on eût pu voir dans la cathédrale l'ancienne mercière en blanche robe de princesse, il eût certainement été déchiré en morceaux par les demoiselles, comme le poète Orphée par les vendangeuses de Thrace, et elles eussent fait de lui de la charpie, bonne à porter chez le pharmacien. J'obtins du ministre que le capitaine Gensomm permutât, fût envoyé dans un régiment de Paris. C'est à Paris qu'il s'est marié, et, comme je vous le disais, j'ai eu l'honneur d'être son témoin.

Michel est et restera soldat, et madame Claire Gensomm est très décidée à le suivre dans toutes les garnisons. Il a déjà fait à sa femme un bel enfant, et j'espère bien qu'il lui en fera d'autres. Dans les rares loisirs que lui laissent les baisers et le service militaire, le capitaine enseigne à sa bien-aimée Claire diverses choses : notamment, le français et la musique.

III

LA VIEILLE COURTISANE

C'était un déjeuner de femmes. Il y en avait six, buvant des breuvages furieux et mangeant des ragoûts bizarres, composés par la mulâtresse Eglé, dans une chambre tendue d'étoffes magnifiques et sinistres. Un seul être appartenant au sexe mâle, le romancier Paul Mariel, avait été indûment admis à ce festin, dans le but avoué de colliger des documents et de prendre des notes. Quant aux trois couples d'amies réunis là, ils offraient cette particularité, dont tout esprit compliqué appréciera le raffinement, que chacune des femmes, tout à fait pareille à sa compagne ordinaire, semblait en être le sosie et le ménechme, si bien que chacun des couples donnait l'idée de Narcisse dédoublé, déjeunant avec lui-même. Comment ces ressemblances avaient-elles été obtenues?

Était-ce par un simple effet de sélection, ou par un miracle d'art, ou par l'habitude de vivre ensemble, qui façonne deux visages l'un d'après l'autre? Quoi qu'il en soit, ces figures identiques choquaient suffisamment la vraisemblance, et sans doute, c'est tout ce qu'avaient désiré les Parisiennes réunies dans cette fête.

Le romancier attentif écoutait avec un naïf étonnement des discours où le Pessimisme, à force d'être poussé à ses dernières conséquences, devenait inconséquent. Les demoiselles avaient cet air stupéfait et tragique de la déesse Perséphonè, qui, à force de passer la moitié de son temps dans les Enfers, au bord du Cocyte, et l'autre moitié près des fleuves d'argent, sous les lauriers roses, ne savait plus au juste où elle demeurait. Ces personnes quintessenciées, aux têtes indolentes et féroces, paraissaient être lasses depuis mille ans. Comme la Vache de Victor Hugo, elles regardaient vaguement quelque part; et, comme les Femmes du poète des *Fleurs du Mal*, elles regardaient aussi, idéalement du moins, les horizons des mers, bien que la scène se passât près de la Madeleine, dans la rue Tronchet, et que la mer fût, comme on le sait, très éloignée de là. Mais ne faut-il pas énumérer ces créatures, dignes d'attirer l'attention par un caractère indéniable de modernité récente?

C'étaient d'abord la maîtresse de la maison, Pulchérie Lussereau, et son amie Hyacinthe Cam, deux épreuves du même Rubens, deux néréides aux chairs opulentes, bien construites, offrant aux regards des tas de lys et de roses, blondes comme des ostensoirs, et sans doute rafraîchies ou rassérénées par l'abus de tout, comme Figaro était engraissé par la misère. Puis, c'étaient Irénée Juilliot et Jeanne Frion, toutes les deux grandes, brunes, sveltes, nerveuses, avec d'énormes yeux bruns, des lèvres pâles, et portant leurs cheveux noirs coupés courts. Jeanne Frion, déguisée en homme, était vêtue d'un costume très correct, coupé par un bon tailleur. Son amie, Irénée Juilliot, portait un habit de femme, très semblable pourtant à l'habit masculin de son amie et comportant également le gilet, la cravate nouée et le col de chemise. Ces deux androgynes semblaient avoir hésité dans le choix d'un sexe, ne s'être pas décidées, et rappelaient le bloc de marbre du fabuliste, qui ne sait pas s'il sera dieu, table ou cuvette.

Mais le couple dont l'association affirmait la plus complète perversion d'idées, c'était celui que formaient Estelle Veignant et Lucie Carminad, toutes les deux châtaines et mélancoliques. Elles se ressemblaient comme deux gouttes d'eau; mais, par un effet cherché et voulu, l'une semblait déjà presque vieille, laissant voir coquettement dans ses cheveux une mèche blanche, et l'autre avait l'air d'un enfant qui va sauter à la corde; bien qu'Estelle Veignant fût parfaitement majeure et que Lucie Carminad ne fût pas vieille, en effet. Combinaison sur laquelle il ne faut pas insister, car n'entrevoit-on pas, quand on y songe, le vertige du gouffre et l'attirance endormante des abîmes? Cependant on déjeunait toujours et la conversation continuait.

— Ma chère Pulchérie, dit le romancier Mariel, égaré parmi les femmes comme Achille dans l'île de Scyros, avez-vous lu le dernier volume des souvenirs du vieux Léon Rouanne?

— Oui, dit Pulchérie Lussereau, c'est drôle, ça devient presque amusant, à force d'ingénuité. Il me paraît que Rouanne a beaucoup de talent et que, même en prose, il écrit très bien, si toutefois cette association de mots signifie quelque chose. Mais ses historiettes se passent dans des âges évanouis, sous le dernier empire, je ne sais quand, au siècle d'Astrée, à une époque où les lions buvaient aux ruisseaux de lait et broutaient l'herbe dans le parc Monceau, où un louis comptait pour quelque chose, et où les femmes du monde croyaient sortir d'une orgie babylonienne, quand elles avaient dîné avec un monsieur en cabinet particulier, pour manger des écrevisses à la bordelaise.

— Oui, reprit Mariel, c'est ce qui fait vraiment l'étrangeté de ce livre. Rouanne a peint, de main de maître et avec une verve étonnamment spirituelle, la grande courtisane de ce temps-là, Thérèse Brunelle, amie de tous les hommes célèbres, gaie, bonne enfant, charmeuse, toujours une rose au sein et une chanson aux lèvres; mais qu'elle nous paraît aujourd'hui démodée et innocente! On lui donnerait le prix Montyon, avec confession, et elle a dû mourir avec le calme d'une conscience pure.

— Mais, dit Pulchérie, elle n'est pas morte du tout; elle s'est appris à raccommoder les robes, à faire sur les déchirures des reprises invisibles, et, avec ce talent de fée, elle se gagne de toutes petites rentes. Et tenez, elle n'est pas du tout loin d'ici; elle m'attend dans mon boudoir. Vous avez vu que, tout à l'heure, Eglé est venue me parler à l'oreille; elle venait m'annoncer Thérèse Brunelle. Cette ancienne Mimi Pinson me rapporte une robe de six mille francs, déshonorée par un accroc, et qu'elle a refaite absolument neuve.

— Oh ! dit Jeanne Frion en allumant un gros cigare, décide-la à venir se mettre à table avec nous, ça sera si drôle !

— Oh oui ! dit l'enfantine Estelle Veignant, une femme qui a été la maîtresse d'un vaudevilliste, qui l'adorait, et qui, lorsqu'il a été ruiné, s'est dépouillée pour lui de tout ce qu'elle possédait. Ça nous fera comme si nous buvions une tasse de lait écumant, dans un chalet, avec des figurants en culotte courte !

Pulchérie Lussereau céda au désir de ses amies, et bientôt ramena Thérèse Brunelle. C'était une femme vieille déjà, un peu grasse, mais nullement déformée par l'embonpoint, avec des traits beaux encore. Ses cheveux gris bien lissés, son visage lavé à l'eau pure, que ne gâtaient pas quelques marques très rares de petite vérole, sa robe de petit drap d'une simplicité initiale, ses mains aux ongles polis et roses, donnaient une impression absolue de netteté et de propreté. Elle entra, sans affectation de modestie ou de forfanterie, nullement embarrassée, aussi à l'aise que si elle eût été chez elle, et elle s'assit à table, au milieu des courtisanes tristes.

— Soyez la bienvenue, lui dit Hyacinthe Cam.

— Je vous remercie, dit Thérèse Brunelle, je suis toujours la bienvenue, car je ne vais jamais que là où on me veut. A votre santé, Hyacinthe Cam!

— A propos, dit Jeanne Frion à son amie Irénée, en continuant tout haut une conversation commencée à voix basse, cette jolie duchesse de Palfrène, qu'on voit toujours dans les avant-scènes d'opérette, tu sais ce qu'elle a fait à Laure Courtois? C'est abominable! Tu sais que Bing et Courtois avaient l'une pour l'autre la plus fidèle amitié. Eh bien! la cruelle duchesse a fait accroire à Courtois que la petite Bing...

Mais tout à coup Jeanne Frion s'interrompit, et, montrant Thérèse Brunelle :

— Mais au fait, dit-elle, ce ne sont pas des historiettes à raconter devant madame, car tu as pu voir par les *Souvenirs* de Rouanne qu'elle comprenait l'amour comme Shakespeare dans *Roméo et Juliette!*

— Et, dit Mariel, ce n'est pas là votre école?

— Non, dit Jeanne Frion, être la révolte, la haine de tout, la vengeance de l'esclave, quelle joie!

— Oui, dit la blonde Hyacinthe Cam, faire le mal parce que c'est le mal! Connaître les lois des choses, et les braver! Être une toute petite créature, et troubler l'ordre universel, de façon à ce qu'il ne puisse jamais être rétabli, quand mille siècles passeraient en pleurant, et faire cligner désespérément les yeux des étoiles !

— Être, dit Pulchérie Lussereau, un défi à tout ce qui existe, et dire aux Démons, aux Sylphes de la nature verte, aux six mille Naïades des sources, aux Anges et aux Dieux, s'il y en a : Voilà ce que j'ai fait ! et puis après ?

— Du temps de madame, dit la petite Estelle Veignant, c'était autre chose ! elle s'en allait au bras du bien-aimé, dans une forêt où il y avait des oiseaux et des fleurs, si j'ose m'exprimer ainsi. Les calmes demoiselles de ces églogues n'auraient pas aimé à sentir les griffes de la Chimère labourer leur poitrine, ni les clous de fer de la Volupté trouer leurs mains et leurs pieds saignants !

— Et, dit Lucie Carminad, si elles nous avaient vues revenir des enfers, silencieuses, désolées, et nous tenant par les mains, elle nous auraient prises pour des spectres, et elles n'auraient pas même compris pourquoi nous étions si pâles !

Cependant, Thérèse Brunelle souriait, avec une gaieté naturelle et franche.

— Mes petites chattes, dit-elle, il ne faut

pourtant pas vouloir étonner une vieille demoiselle, qui avait déjà dévoré beaucoup de tigres, quand vous en étiez encore à manger votre première cuillerée de bouillie! Croyez bien que vous n'avez pas inventé la dynamite, ni la poudre de riz, ni même le fil à couper le beurre! Vous découvrez la Méditerranée avec une innocence qui me désarme; mais figurez-vous bien que la dernière des courtisanes de Corinthe en savait beaucoup plus que vous, et lisez Lucien de Samosate! Ah! vos Cythères, où les vipères rongent des restes de squelettes, vos Gomorrhes d'où montent des sanglots, et cette épouvantable Zo'har, que Catulle Mendès a si magnifiquement décrite dans son roman épique, nous les connaissions comme vous, et avant vous. Nous y allions quelquefois, par ennui, par curiosité, pour échapper un instant aux laideurs de la vie; mais nous y allions rapidement, en partie de plaisir, conduites par des postillons ayant sur la poitrine des bouquets de fleurs, qui faisaient claquer leurs fouets et chanter leurs grelots sonores! Et quand nous avions avalé un verre d'eau de votre Léthé, et mordu à un de ces fruits dérisoires qui laissent la bouche pleine de cendre, nous nous hâtions de revenir vite aux endroits où il y a des bons vins réchauffants et des pêches savoureuses.

Mais vous, c'est une autre paire de manches ! Vous demeurez dans les Gomorrhes avec régularité. Vous y achetez des terrains, vous y faites bâtir des hôtels, que vous meublez avec poufs, plantes vertes, coussins de soie japonaise, et vous y donnez des thés de cinq heures ! Vous y ferez installer bientôt une Chambre des députés et un Conseil municipal. Dans vos amitiés, qui se croient romantiques et manquent d'imprévu, vous apportez toutes les habitudes, toutes les platitudes, toutes les niaiseries des amours bourgeoises. Autant vaudrait être employées dans un bureau, ou faire essayer des *confections* dans les grands magasins du Louvre. Selon vous, il y a des Dieux que vous étonnez? Eh bien ! ce sont de bons enfants de Dieux, faciles à étonner, et qui manquent de lecture. Non ! vous n'insultez rien, vous n'offensez rien, étant pour cela trop peu de chose ; dans le concert des mondes envolés, vous ne parvenez pas, malgré vos prétentions, à introduire une seule fausse note, et vos folies furieuses et glacées ne font même pas tressaillir un brin d'herbe. D'ailleurs, il y avait, bien avant vous, des chiens et des belettes, qui savaient tout ce que vous savez, comme en témoigne le galant Brantôme.

Il est très vrai que nous allions, avec nos amants, dans les bois où des oiseaux chantaient, et où (les paroles ne puent pas) il y avait en effet des fleurs ; mais les fleurs, en somme, ne sentent pas beaucoup plus mauvais que la pourriture. Nous vivions avec des hommes jeunes, beaux, amusants, célèbres, dont nous étions les égales, parce qu'ils le voulaient ainsi, et qui nous apprenaient à nous taire et même au besoin à être spirituelles, une chose qui vous manque ! Mais vous, vous vous exécrez entre vous, parce que, ne sachant rien et n'ayant pas été enseignées, vous n'avez rien à vous dire, et vous échangez vos idées, c'est-à-dire rien du tout ! Et maintenant, je vous salue, je vous quitte, je prends congé, je m'en vais raccommoder mes robes ; tâchez de raccommoder vos âmes ! Mais vous pouvez les mettre toutes ensemble et en faire un paquet ficelé avec génie, ça m'étonnera si on vous prête quinze francs là-dessus au Mont-de-Piété ! En versant un flacon entier de cayenne dans le ragoût, on a des chances pour qu'il ne soit pas insipide ; et encore je n'en jurerais pas, car tout est affaire de proportion. Quant à l'arack, c'est une bonne boisson dans les pays chauds ; mais ces régals ne valent jamais une côtelette de mouton cuite à point sur le gril, et un bon verre de vin. Prenez ça en note, monsieur Mariel.

— Tout ce que tu voudras, dit Pulchérie Lussereau, blanche de colère. Mais à l'avenir, si tu comptes sur ma pratique, tu ne mangeras ni ragoût ni côtelette, et tu peux t'en brosser le bec.

— Eh bien! fit Thérèse Brunelle, en se levant pour sortir, qu'est-ce que je vous disais? C'était bien la peine de prendre des airs de Léontion et d'Archéanassa, pour aboutir, en fin de compte, à une vengeance d'épicière!

IV

LE SOULIER

Il faut bien permettre à la vie de recommencer les mêmes successions d'événements et, au besoin, les mêmes anecdotes; sans quoi, ne serait-ce pas exiger d'elle une variété d'imagination que nous n'osons pas demander aux romanciers les plus applaudis? Il n'y a pas longtemps de cela, tout comme Amasis, roi d'Égypte, était devenu amoureux de la courtisane thrace Rhodopis, rien que pour avoir vu sa pantoufle, et comme aussi la pantoufle de verre de Cendrillon suffit à enflammer le cœur d'un prince beau comme le jour; un charmant jeune homme, Lucien d'Argème, beau, riche, artiste jusqu'au bout des doigts, qui, bien que simple homme du monde, faisait pour les dames le métier de Cellini, et leur ciselait des flacons, des bagues et des pommes de cravache, devint féru d'amour pour un simple petit soulier, et, par conséquent, pour le pied qui devait chausser le soulier, et pour la femme à qui ce pied merveilleux devait appartenir.

Ce fut dans des circonstances vulgaires et, prosaïques, qui mirent une sorte d'affectation à moderniser la vieille fable. En courant pour joindre le tramway, un cordonnier, qui portait des chaussures dans une enveloppe en serge d'un vert cru, laissa tomber de son paquet le petit soulier, précisément sur la botte de Lucien d'Argème. Le jeune homme l'ayant ramassé, courut vers le cordonnier, pour lui rendre son bien ; mais cet artiste ambulatoire s'était lancé, comme une flèche ailée, dans le tramway, qui aussitôt disparut au milieu d'un flot de voitures. Resté seul avec le soulier, Lucien le regarda et passionnément lui donna son cœur, qu'il ne devait jamais lui reprendre. Cependant, jusqu'à ce moment-là, Lucien d'Argème n'avait jamais aimé les petits pieds ; il était trop artiste et trop amant des belles proportions pour admirer ce qu'il regardait comme une difformité et comme une hérésie ; mais le coup de foudre ne se discute pas, et l'Amour l'avait frappé, comme dit le Prométhée d'Eschyle, de sa foudre et de son tonnerre.

Dès lors, comme unique profession, Lucien

s'occupa à courir les salons parisiens, les promenades, les théâtres, les villes d'eaux, les pays d'excursion et de villégiature, pour trouver la propriétaire du soulier divin qui n'était pas arrivé à son adresse. Il visita aussi les marchands de chaussures, et leur acheta assez de bottines, de pantoufles et de bottes à l'écuyère pour chausser pendant un siècle toute la race humaine, mais nulle part il ne trouva ce qu'il cherchait. Habitué, par un exercice continu du dessin, à prendre exactement une mesure au moyen du seul regard, dans le monde il examinait et mesurait les pieds des dames, comme s'il eût été lui-même le cordonnier dans sa boutique, et il oubliait tout à fait le précepte des Dieux qui, en donnant à l'homme un visage sublime, lui ont ordonné de regarder le ciel. Plusieurs fois il vit des pieds ayant à peu près la dimension du soulier; c'en était bien la longueur, la largeur, la même pointure, mais ce n'était plus la même construction, comportant la force, l'agilité, l'élégance, la démarche ailée d'une Camille, pouvant courir, sans les courber, sur la pointe des blés que tourmente une brise légère.

Une fois pourtant, à un bal de l'ambassade anglaise, étant entré à l'improviste dans un petit salon où la femme d'un conseiller d'État, madame de Cheilus, rajustait sa coiffure devant un miroir, Lucien d'Argème qui, selon sa coutume invétérée, regarda le pied, crut bien le reconnaître pour celui qu'il adorait sans l'avoir jamais vu. Il se trompait; c'était bien à peu près cela, mais ce n'était pas cela tout à fait, et s'il ne s'en fallait pas de beaucoup, néanmoins il s'en fallait de quelque chose. Cependant, afin de mieux vérifier son hypothèse, Lucien, tout près de la dame, à la toucher, s'était effrontément jeté à genoux. Il ressemblait à un homme qui va faire une déclaration, comme un convive qui prend sur la table un couvert d'argent, pour le mettre dans sa poche, ressemble à un voleur. A ce moment précis, monsieur de Cheilus entra. Un duel était inévitable; il eut lieu, et Lucien d'Argème reçut en pleine poitrine un coup d'épée qui le força à garder le lit pendant six mois.

Durant ces longs jours de souffrance et de retraite forcée, il reçut fréquemment la visite de son ami Émile Naura, à la fois peintre et statuaire, qui, dans la rencontre avec M. de Cheilus, avait été un de ses témoins, et naturellement il en vint à lui faire ses confidences. Naura ne disait trop rien; mais quand son ami fut tout à fait guéri et put sortir, il le conduisit d'abord à la plus élégante et à la mieux fréquentée des écoles de natation, où les deux jeunes gens virent des pieds tourmentés, blessés, difformes, aux doigts montant les uns sur les autres ; tandis qu'aux bains à quatre sous, où ils allèrent en sortant de là, ils purent admirer, chez des êtres appartenant à la pauvreté la plus évidente, des pieds nullement flétris et souvent dignes de la statuaire ; et comme ils s'en retournaient en longeant le quai :

— Mon ami, dit Naura, ceci vous prouve que *votre* pied n'est pas dans le grand monde. et n'y peut pas être. Il n'est pas non plus dans la bourgeoisie ; car les gens très riches, et même médiocrement riches, jouissent du privilège, dont rien ne les affranchit, d'être martyrisés, torturés et mutilés par les cordonniers qui les chaussent, et les beaux pieds appartiennent uniquement à des êtres qui, pendant leur enfance, ont été chaussés de loques, de savates déchirées, ou de rien du tout. Aussi est-il facile de deviner que le destinataire du soulier est une femme du peuple ; et je vais plus loin : il n'est pas du tout malaisé de savoir quel est son visage et comment elle est faite, et de dessiner exactement son portrait ; en effet, je me propose de peindre d'après elle un pastel, qui sera absolument ressemblant, et de vous l'offrir.

— Oh ! dit Lucien stupéfait, comment cela se peut-il ?

— Veuillez, dit Naura, suivre attentivement mes déductions, qui sont des plus simples. Il est entendu, n'est-ce pas ! que la femme, ou plutôt que la jeune fille en question est parfaite, et ne peut pas être autrement que parfaite, puisque vous l'aimez. Ce ne peut être une enfant, car le soulier accuse un pied tout à fait parfait et définitif. Elle est donc arrivée à l'âge de femme, et cependant son pied est, comme petitesse, tout à fait extraordinaire. Or, nous ne pouvons admettre que la bien-aimée soit mal proportionnée et difforme ; elle est donc elle-même, comme son pied, d'une nature tout à fait petite et exiguë. Mais comme elle ne saurait avoir l'air d'une allumette, il faut nécessairement que la gracilité de sa taille soit adoucie et égayée par un léger embonpoint ; aussi doit-elle être construite comme une petite faunesse vierge encore, ou comme une jeune Salmacis. Son type est celui des figurines de Clodion, mais ennobli et adouci, puisqu'elle est bonne et gaie.

Avec des cheveux noirs et des traits ou aquilins ou trop corrects, elle semblerait la caricature minuscule d'une figure tragique ; vaporeusement blonde, elle serait une poupée enfantine. Elle a donc des cheveux châtains, modestement lissés, car tout ébouriffement formerait une masse trop grosse autour de sa petite tête. Elle est pauvre, nous l'avons établi ; et cependant le délicieux soulier que voici, couvert en forme de soulier d'homme, fait avec une peau de chevreau du Thibet souple, mince, sans une tare, d'un prix inestimable, est le soulier d'une femme riche. Aussi devons-nous conclure, sans pouvoir l'expliquer sans doute, qu'elle ne l'aurait pas eu, même si le cordonnier ne l'avait pas perdu en route, et que ce soulier avait été fait pour elle, *et cependant ne lui était pas destiné.* C'est là le problème qui, en apparence, semble insoluble ; mais tout finit par être expliqué, même l'inexplicable, et, s'il plaît à Dieu, il viendra un moment où nous éclaircirons ce mystère.

Comme on le verra, Émile Naura ne se trompait sur aucun point, en se confiant aveuglément à la Logique, dont les miracles, comme ceux de la Foi, exigent chez l'adepte une parfaite humilité. D'après le pastel qu'il peignit en effet, et d'après ses indications dont l'apparente subtilité cachait un sens profond des choses, Lucien d'Argème allait recommencer à chercher son inconnue, cette fois à travers le peuple de Paris, comme une aiguille dans cent mille bottes de foin. Mais une circonstance tout à fait imprévue amena, dans le plus bref délai, un dénouement auquel personne des intéressés ne pouvait s'attendre. Un matin, comme Lucien passait dans la rue de Grammont, ses yeux furent attirés par une enseigne qu'il n'avait jamais remarquée, et sur laquelle il lut ces mots : Adt, Chaussures pour Dames. En même temps, il vit, sur une glace, formant tablette, dans la montre, un soulier unique, et quel soulier ! Le pareil, le frère, le jumeau du soulier dépareillé qu'il possédait, qu'il avait trouvé dans la rue, et qui avait changé sa vie. Étant entré dans la boutique, il reconnut aussi, à sa tournure du moins, le cordonnier dont naguère l'inadvertance l'en avait rendu possesseur. Il causa avec monsieur Adt, lui fit des commandes diverses, lui parla de son métier, de façon à conquérir complètement ses bonnes grâces ; finalement, proposa en vain de fortes sommes pour obtenir le soulier exposé là, et sur le refus du marchand, tenta des séductions qui devaient sembler irrésistibles, pour se faire dire à qui le soulier avait été destiné.

— Tenez, monsieur, dit enfin le cordonnier Adt, je vois que vous pouvez me comprendre, et, pour la première fois de ma vie, je vais montrer mon cœur à nu. Je suis, monsieur, dévoré des plus hautes ambitions. Je suis, je ne dirai pas un artiste (car ce serait parler comme un

perruquier prétentieux,) mais un bon ouvrier.
Depuis que j'ai appris mon métier, et j'en sais
à peu près, je crois, tout ce qu'on en peut savoir,
j'ai toujours rêvé de composer et de mener à fin
un complet chef-d'œuvre ; mais pour faire un
civet, il faut un lièvre ! Or, le pied parfait,
exquis, divin, à la fois délicat et robuste, pro-
portionné à la personne, qui devait me servir
d'objet et de thème, je ne l'ai rencontré jamais
dans la réalité ! Mais je l'ai vu pourtant ; je l'ai
exactement vu, dans ma pensée et dans mon
imagination ; tout idéal qu'il fût, il m'est devenu
absolument familier, avec son dessin général et
ses moindres détails, et, d'après son image fixée
dans mon souvenir, j'ai pu faire exécuter par
Decam, le premier formier de ce temps, des
formes appropriées à mon projet ; et le chef-
d'œuvre que je voulais faire, je l'ai fait ! J'ai
produit une paire de souliers qui ne sera éga-
lée jamais, et ce fut là mon orgueil, dont je fus
puni ; quand j'allais en ville livrer des chaussures à mes pratiques, je mettais les divins souliers dans le paquet, avec le reste, pour faire
croire que le pied idéal pour lequel j'avais travaillé existait ! Un jour, en me pressant pour
rejoindre un tramway, j'ai laissé tomber et
perdu un de ces petits souliers, l'œuvre de ma
vie ! J'ai essayé de le recommencer, de le

refaire, je n'y ai pas réussi ; on n'est pas deux fois secouru de la même façon par le désir de perfection qui est en nous. Des deux souliers qui faisaient la paire, il ne me reste que celui-là, pour me prouver à moi-même que j'ai été, à un moment de ma vie, un maître ouvrier. Vous comprenez, monsieur, que je ne l'échangerais pas contre un trésor, et que même je ne le donnerais pas s'il s'agissait de sauver ma vie.

Lucien d'Argème rentra chez lui, atterré. Ainsi, la femme qu'il ne pouvait s'empêcher d'adorer toujours n'existait pas, et il devait se dire douloureusement, comme Ruy Blas : *Triste flamme, éteins-toi !* Le lendemain matin, à l'aurore, il ouvrit sa fenêtre, et comme les ordures n'avaient pas encore été enlevées, avec un déchirement horrible et en versant une amère larme, il jeta sur le tas le délicieux petit soulier que jadis le cordonnier Adt avait laissé tomber devant lui. A ce moment-là même parut, leste, agile, charmante, pauvrement vêtue, une fillette tout à fait exiguë et mince, ressemblant au pastel de Naura, comme une goutte d'eau à une autre goutte d'eau. Rapidement, ayant ôté une de ses bottines, après s'être assurée qu'il ne passait personne dans la rue, elle saisit le petit soulier, le chaussa, puis, d'un regard affriandé, chercha l'autre, qu'elle ne devait pas trouver, puisqu'il était si loin de là ! Mais Lucien d'Argème avait eu le temps de descendre ; il était là, admirant le pied céleste ! On causa, et on s'entendit facilement, car, au premier regard échangé, la petite passante était devenue amoureuse de Lucien, aussi rapidement que dans une tragédie de Shakespeare.

Elle se nommait Pauline Jacquin. Orpheline, elle avait été recueillie par un oncle et une tante qui la laissaient mourir de faim, la faisaient travailler comme un nègre et la battaient comme plâtre. Mais bien qu'elle fût parée encore d'une grâce enfantine, le matin même elle avait eu ses vingt et un ans ; elle était libre comme l'oiseau, ne devant rien aux parents que son labeur avait longuement payés de leurs prétendus bienfaits, et elle ressemblait en effet à un jeune oiseau. Deux jours après, appuyée au bras de Lucien, et élégamment vêtue en jolie petite dame parisienne, Pauline Jacquin entrait dans la boutique de la rue de Grammont. Sans rien dire, elle s'assit, se déchaussa et mit le petit soulier de Lucien, qu'elle avait apporté dans son sac. Puis, saisissant dans la montre l'autre petit soulier, elle le mit aussi, tandis que, s'étant agenouillé, le cordonnier Adt, éperdu, admirait le pied de Pauline.

— Il existe ! s'écria-t-il, avec des sanglots de triomphe et de joie.

— Monsieur, lui dit Pauline Jacquin, j'espère que vous n'avez pas égaré *ma forme*, car elle va vous être grandement utile ! Je compte marcher à côté de monsieur que voici, l'accompagner jusqu'au bout de la vie, et j'espère que pour cela il me faudra beaucoup de souliers !

Cependant Lucien d'Argème songeait à son ami Naura et, pour la première fois, comprenait comment, sans en avoir jamais vu les modèles, ce jeune homme d'un véritable génie a pu peindre, avec une saisissante réalité, les figures de Sémiramis et d'Omphale.

V

LE BAISER

Barbas subit, en effet, ce malheur. Comme un promeneur inoffensif est frappé en pleine poitrine par une balle venue on ne sait d'où ; ou comme, décrochée par l'ouragan, une cheminée lui tombe sur la tête, Barbas, en un instant, devint affreusement riche, par une succession absurde de circonstances qui semblaient empruntées aux plus plates combinaisons du vaudeville. Alors, comme un infirme qui cherche sa jambe amputée, ou un fou son âme envolée à travers les rêves, il cherchait sa divine, sa bien-aimée Pauvreté, sa compagne de toutes les minutes, sa maternelle consolation, la patiente inspiration de ses chefs-d'œuvre. Mais heureusement pour lui, Dieu la lui a rendue, il est rentré dans sa vraie peau, et il a pu recommencer de nouveau à penser et à rêver dans la solitude.

Barbas ne fut jamais un bohème, ce qui est horrible ; il est un pauvre, un vrai pauvre, respecté de lui-même et de tous, et vivant avec la plus irréprochable dignité. On connaît ces merveilleuses pages lithographiques où, ressuscitant avec la manière la plus personnelle un art injustement oublié, il dessine, dans une série intitulée *Visions* tout un cycle d'images extra-terrestres, d'une prodigieuse et rare intensité psychique et, pour l'œil religieux du philosophe, mille fois plus vraies que la Réalité. Imprimées d'abord à quelques exemplaires seulement, ces compositions où l'idéal fixé devient visible, furent peu à peu appréciées par un groupe d'amateurs d'élite, assez nombreux pour que Barbas pût les faire tirer à deux cents exemplaires. Dès lors, ce grand artiste savoura une complète félicité ; car, indépendant de tout et de tous, maître de lui-même, ne relevant que de sa pensée et de son génie, il put payer exactement les frais de sa publication et, de plus, subvenir largement à ses besoins, dont la satisfaction exigeait une somme facile à apprécier.

En effet, Barbas habitait, sous les toits, dans la rue de Fleurus, une mansarde, heureusement éclairée par une belle et large lucarne à tabatière, et garnie de meubles en bois blanc, qu'il avait fabriqués lui-même. Il buvait de l'eau, qu'il allait chercher à une fontaine assez éloignée de chez lui, et se nourrissait de pain, auquel il adjoignait, dans les jours de grande opulence un morceau de viande de six à sept sous, qu'il faisait griller sur un réchaud, dans sa cheminée. Il ne fumait pas et vivait absolument chaste. De plus, il n'achetait jamais de crayons lithographiques. Ceux qu'il avait achetés à son début existaient toujours, cassés, brisés en morceaux. Il prenait ces fragments, et, adroitement, y trouvait l'angle inattendu qui, sollicité avec esprit, donne au dessin le mouvement et la vie.

Ainsi Barbas semblait avoir tout prévu ; mais qui peut se vanter d'être complètement sage? Un matin, il reçut une lettre de maître Jame, notaire, qui le priait de passer à son étude. Il eut l'imprudence d'y passer, et, sans préparation, sans recours, sans que personne lui eût crié : gare! il apprit qu'il était riche de quatre millions. Voici par quelle suite d'aventures. Barbas était fils d'un ébéniste, raccommodeur de meubles, établi dans une boutique de la rue de Monsieur-le-Prince, où il faisait fort mal ses affaires. Outre le fils qui devait plus tard illustrer son nom, cet ouvrier avait un autre enfant, une fille nommée Berthe, coquette et grande liseuse de romans. A l'âge de quinze ans, elle fut enlevée par une sorte de Maltais de Commino, nommé Jano Sgarbi, que le père Barbas avait accueilli chez lui et à qui il avait donné de l'ouvrage. Ce couple, dont on n'avait pas entendu parler depuis vingt ans, avait finalement prospéré. Après avoir été matelot, pirate, marchand d'hommes, Sgarbi, déjà à moitié enrichi par les métiers les moins avouables, s'était établi dans l'Inde, à Bénarès, où il avait d'abord vendu des étoffes de coton et de laine, des mousselines de Dacca, des marchandises anglaises reçues de Calcutta, puis des diamants et des pierres précieuses. Mourant sans avoir eu d'enfant et ne se connaissant pas de parents au monde, le Maltais légua toutes ses richesses à sa femme Berthe, qui le suivit de près. Mais à ses derniers moments, cette Parisienne se souvint de son frère, et, par un testament bien en règle, qu'elle chargea notre consul de faire parvenir en France, nomma Joseph Barbas son légataire universel.

Il n'y avait donc pas à y revenir : il était richissime, et, tout accablé qu'il fût par un événement si intempestif, il eut le cerveau traversé par un fulgurant éclair de bon sens, et dressa son plan, le seul raisonnable. En effet, Barbas résolut de continuer ses travaux, de vivre de même que par le passé, comme s'il n'eût pas été riche, et de négliger entièrement ce point de vue frivole et inutile. Par le conseil du notaire Jame, il laissa tous ses fonds là où ils étaient déposés, dans la solide et sérieuse maison de banque de Joseph Leblan, et il se promit bien que ce financier, à qui il ne demanderait pas d'argent, ne verrait jamais son visage. Mais l'artiste avait compté sans la tendre, sans l'impérieuse, sans la déchirante pitié. A partir de ce moment, il ne put apprendre qu'un artiste était gêné, ou embarrassé, ou abandonné par le succès, sans venir immédiatement à son secours. Mais il fit bien pis encore. Le vieux et grand peintre Eugène Larco avait vendu soixante-quinze mille francs à l'Américain Julius Arnulphy son tableau représentant *Cléopâtre sur sa galère*; mais la mort subite du riche négociant ne permit pas que le marché fût exécuté. A demi ruiné déjà par des pertes récentes et inattendues, le vieux Larco ne put supporter un tel coup. Frappé d'un morne désespoir, il était sur la pente de la folie; mais Barbas acheta le tableau, le paya soixante-quinze mille francs et le donna au musée de Rouen, ville natale de l'artiste.

Fatale imprudence, car on ne pouvait mettre les pieds dans le plat avec moins de précaution.

L'héritage de Barbas et l'histoire de sa richesse remplirent les journaux, se répandirent en Échos de Paris et en Nouvelles à la Main, et du matin au soir, la mansarde de l'artiste fut inondée et submergée par un tas de mendiants, de faux pauvres, de prétendus peintres ou poètes faméliques, très bavards, qui venaient demander de l'argent. Barbas leur en donnait, tout de suite, encore, toujours; il s'était procuré un cahier où il coupait des chèques, et, en somme, son travail l'intéressait tant qu'il l'eût continué au milieu de cette nuée de moustiques. Mais un jour, la Fatalité, la vraiment inexorable fatalité entra chez lui, sous les traits du célèbre marchand de tableaux Edgar Guicestre.

Il parut, ce jeune homme charmé, charmant, éloquent, beau comme Apollon, content d'être, vêtu comme le Printemps en avril; il louangea, pria, supplia; il exalta Barbas et fit appel à son cœur, avec des attendrissements qui eussent fait pleurer les pierres. Tels étaient les faits. Une des gloires les plus incontestées de l'école moderne, le peintre Eugène Driot, était réduit aux extrémités, et il allait se brûler la cervelle s'il n'était sauvé par un être plus généreux que la Providence elle-même. Entraîné par lady Henriette Elce dans les élégances et les ruineuses folies du monde, il avait dépensé, joué, perdu des sommes folles, et il voyait maintenant collée à sa vitre la blême figure du Désespoir.

Désintéresser ses créanciers, il n'y fallait pas seulement songer; car une des banques princières de l'Europe n'y eût pas suffi; on pouvait du moins leur rendre la confiance. Pour cela, il fallait que l'hôtel de l'avenue de Villers, appartenant à Driot, fût acheté à son prix de cinq cent mille francs, et payé comptant. Et, pour que cette vente eût l'air d'une affaire et non d'une déroute, il fallait que le nouvel acquéreur habitât l'hôtel, témoignant ainsi qu'Eugène Driot le lui avait vendu par pure gracieuseté, et uniquement pour satisfaire un caprice. Barbas se laissa convaincre, et céda, grâce à un faux raisonnement qu'il se faisait à lui-même. Il se disait : Si encombré qu'il soit de bibelots, de coussins, de poufs, de plantes vertes, de canapés aux tons blémissants et morts, de dieux à vingt-quatre bras et de chimères en bronze, je trouverai bien toujours place pour mettre une table en bois blanc et un tabouret de paille, et je travaillerai! Vaine chimère. Toutefois, Barbas eut le bon sens de garder la jouissance de sa chambrette, et d'en payer le loyer pour deux années. Peu de jours après, il entrait dans l'hôtel de l'avenue de Villiers, c'est-à-dire dans l'enfer. Je l'y ai vu : quel spectacle !

Travailler! et avec quoi? Au contraire, le délicieux marchand de tableaux Guicestre, devenu, par droit de conquête, fournisseur de Barbas, comme il avait été celui d'Eugène Driot, y avait enterré tous les objets somptueux dont on se sert pour ne pas travailler. Des papiers pareils à la Jung-Frau, classés et rangés dans des meubles à tiroirs ; des pupitres compliqués, à trucs mécaniques, se haussant, se baissant, exécutant des tours de force. Des boîtes de crayons classés, étiquetés, catalogués, rangés par gammes, si nombreux que leur seule vue donnait envie d'aller se promener. Des gommes, des pastels, des boîtes à couleurs grandes comme des édifices, ou petites comme un diamant précieux ; les unes où on pouvait demeurer, les autres faciles à dissimuler sous un doigt. Çà et là, comme des gouffres d'aurore, s'ouvraient de grandes bordures vides, attendant les toiles, avec leurs dorures furieuses comme des incendies éclaboussés de soleil. Travailler ! Barbas ne pouvait même pas manger ; car il avait un cuisinier, vêtu en cuisinier, et s'il demandait un beefteak, ce beefteak, par une horrible magie, devenait aussitôt *à la Robert Peel, à la Brazza, à la capitaine Cook*, et ainsi il découpait sur son assiette des anecdotes et mâchait de l'histoire !

Et qu'était-elle devenue, la chère, l'indispensable Solitude, par qui éclosent les divines fleurs de la pensée? Aussi nombreux que les grains de poussière accumulés par le vent d'été sur les feuilles des arbres d'une forêt, étaient assis, pendaient, traînaient, se vautraient, des amis improvisés, des critiques d'art appartenant à des Revues aux noms inconnus et lyriques, des étrangers à cheveux bleus, en gilets de velours, portant à leurs boutonnières des rosettes aveuglantes, et de tout jeunes gens très pâles, fumant d'énormes cigares pareils à des colonnes triomphales, et peut-être ornés de bas-reliefs! Là aussi grouillait une énorme quantité de femmes insolentes, inoccupées, stupéfaites, riant de rien du tout, montrant des ribambelles de dents et traînant derrière elles des soieries qui se tordaient comme des serpents mythologiques. Dès que Barbas voulait dessiner, elles se tassaient, se serraient autour de lui, cachaient leurs frimousses dans sa tignasse. Et lui, le bon artiste, plus agacé qu'un lion mangé vivant, il se démenait avec ennui et secouait tout ce tas de femmes, comme des puces.

Ainsi, il était tombé au dernier degré de la misère! Cependant, le beau Guicestre trouva que ce n'était pas encore assez, et lui infligea des tourments nouveaux. Non seulement il organisa, dans une des galeries à la mode, une exposition des dessins originaux de Barbas, mais il trouva le moyen de faire aciérer les pierres lithographiques, de tirer à grand nombre les planches des *Visions*, et d'en faire une publication à grand fracas, lancée avec deux cent mille francs d'annonces, et accompagnée d'un texte horriblement spirituel, bourré d'historiettes et d'anecdotes, et rédigé par l'élite de nos écrivains. C'était complet. Barbas subit ce martyre suprême de voir son œuvre intime, conçue avec tout l'amour de son cœur, avilie et rendue banale par les yeux vulgaires qui la regardaient. Peut-être alors Barbas aurait-il songé au suicide; mais à ce moment-là même, il put entrevoir au lointain une lueur de salut, comme les naufragés de la Méduse apercevant dans la sombre nuit les feux d'un navire. Il put lire, en effet, dans un journal, qu'après avoir suspendu ses paiements, le banquier Joseph Leblan s'était enfui, en emportant une quantité considérable de millions.

Alors, oh! avec quel ravissement, avec quelle incommensurable félicité Barbas sortit pour respirer, pour boire de l'air, pour se retrouver lui-même, et, jusqu'au soir, marcha au hasard dans Paris. Comme il passait près de la gare du Nord, il vit, tenant une valise à la main, Joseph Leblan lui-même qui, blond et presque albinos, s'était, par une très ingénieuse combinaison, admirablement déguisé en mulâtre. Par un raffinement dont ne s'avisent pas les criminels vulgaires, il avait peint la peau de son visage avec un frottis de couleur à l'huile, et il avait gardé ses vrais cheveux et sa vraie barbe qui, teints du plus beau noir et frisés au petit fer, complétaient une parfaite illusion. Cependant ce peinturlurage, à la fois audacieux et simple, ne pouvait tromper le regard exercé d'un coloriste. D'intelligence rapide, Joseph Leblan vit clairement dans l'œil de Barbas que sa ruse était pénétrée, et il marcha droit à l'artiste.

— Monsieur, lui dit-il, il faut toujours pactiser avec un homme d'esprit, et vous en êtes un, puisque vous m'avez reconnu. Tous les discours seraient ici inutiles ; j'ai là tout mon capital dans la valise que je tiens à la main ; parlez, faites votre prix, et, sans nulle observation, ce que vous me demanderez je vous le donnerai intégralement, là, tout de suite, sous le bec de gaz.

— Ainsi, dit Barbas, il est donc vrai que vous emportiez ma fortune, toute ma fortune !

— Parfaitement, dit le banquier.

Barbas saisit la tête de Joseph Leblan, et

sur sa joue peinte en bistre posa un furieux baiser d'ivresse, de délivrance, de reconnaissance exaltée. Puis il s'enfuit, comme si c'eût été lui le voleur, et le banquier entra dans la gare. Cet homme sans préjugés, qui aujourd'hui possède d'immenses établissements dans la libre Amérique, n'a jamais compris ce baiser. S'il avait été capable de le comprendre, il n'aurait pas été le banquier traditionnel qui vole l'argent dans la caisse. Et peut-être même qu'au contraire il en aurait remis.

VI

PASTICHEUSE

— Ah! chère cousine, dit madame Thérèse Méniole, dont la jolie frimousse rose était toute bouleversée par l'indignation, c'est bien éternellement et toujours la même chose, la fable des *Animaux malades!* Quoi! parce que la pauvre petite madame Ouvière, bonne comme du bon pain et gentille comme un cœur, a commis un crime de rien du tout, pour lequel il n'y a pas de quoi fouetter un chat; parce qu'elle a tondu de ce pré la largeur de sa langue, on l'égorge, on la tue, on l'assomme. Et qui ça? Une Lux, une Ricœur, une Lemesle, un tas d'honnêtes dames qui sans cesse ont mené des vies de polichinelles et de bâtons de chaises, et changé d'amants comme de chemises! Dans le petit monde qu'a réjoui cette exécution, toi seule as été indulgente et miséricordieuse, et seule pourtant tu aurais eu le droit de te montrer féroce ! Car toi, ma chère Jeanne, tu es la vertu absolue, forte, âme d'élite même, et nullement diablesse. Quoique monsieur Claris soit assurément le plus mauvais de tous les maris et le moins fidèle, non seulement tu n'as jamais dit : Œil pour œil et dent pour dent ; non seulement tu es restée chaste ; mais tu n'as jamais eu un mauvais désir, tu n'as jamais été effleurée par une tentation ; tu es la femme sans peur et sans reproche.

— Hélas! ma chère Thérèse, détrompe-toi, dit Jeanne Claris. Oui, je suis restée et je resterai vertueuse, mais j'ai eu très peur, et je ne suis pas exempte de reproche. Il ne s'en est pas fallu de l'épaisseur d'un cheveu que mon pied ne glissât sur le bord de cet abîme où, quand on y glisse, on roule jusqu'au fond. Si j'ai pu éviter la chute, je l'ai dû à la bonté, à la bravoure, à l'incroyable générosité d'un homme, et cet homme, que tu connais, est monsieur Paul Nattan. Mais je veux te faire cette confession, qui peut-être pourra te servir.

— Oh! dit Thérèse Méniole, à titre de document, sans plus ; car pour le reste, monsieur Méniole était né sous un astre qui avait décidé sa destinée inéluctable.

Madame Jeanne Claris raconta en effet à

Thérèse son instructive histoire. Accablée de tortures, de dégoûts, d'ennuis, abominablement délaissée, ne sachant à quel diable se vouer, ni à quel saint, elle avait, elle aussi, rêvé le stupide talion, et s'était mise en quête d'une aventure; mais elle se connaissait mal elle-même, et ignorait qu'elle ne pourrait sans dégoût mettre sa lèvre à la coupe banale de l'adultère. Préoccupée du personnage de l'amant, elle dut nécessairement le voir sous les traits de Paul Nattan, non qu'elle aimât ce beau jeune homme, ni qu'elle fût en aucune façon attirée vers lui; mais il était naturel qu'elle l'imaginât dans un rôle où il excellait, qu'il remplissait en chef et sans partage, et comme toutes les femmes raffolaient de ce beau victorieux et se le disputaient, comme des chiennes se disputent un os, elle se mit à les suivre, en vraie chienne de Panurge. Les choses eurent leur cours ordinaire, car l'amour est une cuisine comme une autre, et il n'y a pas, en somme, deux façons de préparer le même plat.

Si bien qu'un jour d'hiver, ayant promis à Paul Nattan d'aller chez lui et tenant sa parole, madame Claris, qui ne voulut pas monter dans l'ignoble fiacre, se mit en route à pied, et bien et dûment emmitouflée, le visage caché sous un voile, s'achemina vers la rue Blanche, où habite Paul. Au premier pas qu'elle fit, fouettée par l'air salubre, elle réfléchit, regarda mieux en elle-même et se vit ennuyée, lasse déjà, mécontente, effarée par l'irréparable souillure qu'elle allait chercher, sans joie. A chaque minute, elle se sentait de plus en plus l'envie de retourner en arrière, et toutefois elle continuait sa route, comme un écolier écrit un pensum, obéissant à la fatalité imbécile qu'elle avait créée. Mais arrivée à la porte de la maison, elle était enfin décidée, elle allait rebrousser chemin, lorsqu'elle fut retenue par la plus futile des circonstances. Au rez-de-chaussée de cette maison s'ouvre la boutique du marchand de couleurs Arményi, devant laquelle un des meilleurs amis de monsieur Claris, le riche amateur Caldzaigue, admirait une tête de femme peinte de profil par Henner, et exposée dans la montre.

Saisie d'une terreur folle, madame Jeanne Claris se figura qu'en tournant la tête, monsieur Caldzaigue la verrait, et rien qu'à son embarras, à sa démarche, devinerait tout ; et, avec la logique de Gribouille, elle ne trouva rien de mieux que d'entrer dans la maison. Elle se promit bien d'attendre dans l'escalier un temps moral et de redescendre à l'instant probable où l'amateur de tableaux serait, pour cette fois, du moins, saturé d'extase, et s'en irait. Mais Paul Nattan, dont l'appartement est situé au second étage, avait congédié son domestique, et près de sa porte, laissée entr'ouverte, veillait attentivement, regardant vite dans l'escalier, dès qu'il y entendait le moindre bruit. Car, artiste en amour jusqu'au bout des ongles, il voulait éviter à madame Claris l'ennui de poser son doigt sur le bouton de la sonnette et de subir avec angoisse l'attente de l'interminable demi-seconde. Il vit la visiteuse impatiemment attendue, la joignit et la guida, ou plutôt l'emporta jusque chez lui. Ainsi la souris se trouvait prise dans la souricière. Mais au premier regard échangé, les deux braves êtres réunis là se jugèrent, se reconnurent, se virent tels qu'ils étaient. De plus en plus désolée et atteinte d'un froid mortel, Jeanne Claris, qui lut dans les prunelles de Paul son honnêteté et sa bravoure, prit le parti de lui faire une confidence sincère ; les mots très simples, très sensés, nullement blessants, qu'elle prononça d'une voix franche et un peu tremblante, pouvaient se résumer dans cette courte phrase : Je voudrais bien m'en aller !

Paul Nattan, qui se connaît en femmes, car (ainsi que le dirait un lampiste!) c'est sa partie, éprouva de vifs regrets sans doute, mais il n'eut pas un instant d'hésitation, et ce chasseur qui n'a jamais eu peur de rien, ni des maris, ni des amis, ni des journaux, ni de la panthère, qu'il a chassée en Afrique, n'eut pas du tout peur d'être ridicule, ce qui est bien autrement difficile. Il accompagna madame Claris jusqu'à la porte et, s'inclinant profondément devant elle : Adieu, madame, dit-il. — Jeanne s'en alla, heureuse comme une poule qu'un renard n'aurait pas prise, et c'est seulement d'un regard qu'elle remercia Paul Nattan; mais pour qui se connaît en trésors, ce regard valait sans doute le reste, et, en un mot, tout ce qu'elle n'avait pas donné.

Telle fut l'historiette, morale à plus d'un titre, que madame Claris raconta à sa cousine Thérèse Méniole, et comme il est axiomatique et généralement reconnu qu'une femme rapporte tout à elle-même, je n'étonnerai personne en disant que Thérèse, écoutant cette anecdote, s'en faisait mentalement l'héroïne. De la pensée à l'action, il n'y a qu'un pas pour les natures héroïques et pour les natures féminines, ce qui est tout un. Madame Méniole se promit donc de mettre les souliers de sa cousine, de marcher dans ses pas, de recommencer expressément son histoire, et de la recommencer avec le même Paul Nattan, afin que rien ne fût changé dans la reprise et dans la distribution d'une pièce déjà jouée avec succès.

Et à cette idée, Thérèse ne se sentait pas de joie. Quoi! il existait sur la terre un très beau jeune homme, assez ingénu, assez godiche, et, tranchons le mot, assez sublime, pour laisser une femme sortir de chez lui telle qu'elle y était entrée, et cette femme serait elle, Thérèse Méniole. Elle savourerait les prémices, les joies, les affres, tous les délicieux périls d'une aventure, et elle en sortirait indemne, et sans que monsieur Méniole fût une fois de plus — ce qu'il avait toujours été : quel ravissement, et comme ça la changerait! Il fallait plaire à Paul Nattan, et Thérèse n'était nullement embarrassée de résoudre ce problème, sachant que, pour cela, elle avait à son service un tas de petits diamants clairs dans ses prunelles, et sur ses joues une vivante touffe de roses, et partout de jolies formes sveltes et rondes à la fois, dont l'ensemble éveillait une idée de gaieté et de joie. Il fallait aussi que Paul Nattan pût lui plaire, et la première fois qu'elle rencontra le jeune homme dans le monde, Thérèse Méniole, qui le regarda attentivement, pensa que la chose ne serait pas trop difficile non plus. Elle admira chez Paul de beaux traits virils, des yeux pleins d'un charme mystérieux, une bouche rouge, un cou de taureau, des cheveux coupés très courts et drus à ne savoir qu'en faire, et une fine et légère barbe noire. Enfin des mains de soldat, élégantes et robustes. Madame Méniole s'arrangea pour causer avec Paul et fut très satisfaite, car il avait tous les genres d'esprit, y compris le plus difficile de tous : celui qui consiste à dire toujours à une femme ce qu'elle désire qu'on lui dise.

De salon en salon, la flirtation continua avec ses phases prévues ; Paul Nattan vint aux jeudis de Thérèse, et y brilla de toutes les manières, surtout par le silence. Enfin, le dénouement obligatoire s'approcha, dans les conditions les plus normales, et il fut convenu que madame Méniole, agnelle résignée au sacrifice, serait attendue rue Blanche, dans l'antre du loup. Dès lors, elle n'avait qu'à suivre mot à mot le récit de sa cousine. Comme elle, Thérèse partit à pied, emmitouflée, et l'aventure se déroula comme dans les contes des *Mille et une Nuits*, où les héros successifs, gravissant la même montagne, rencontrent sous leurs pieds hardis les mêmes chevaliers tristement mués en pierres noires. En effet, devant la boutique du marchand de couleurs Arményi, monsieur Caldzaigue, extasié comme précédemment, admirait, cette fois encore, la tête de femme peinte par Henner, qui était toujours dans la montre. Non que le marchand n'en eût trouvé cent fois un prix énorme et formidable; mais, avec raison, il prétendait la vendre plus cher encore, comme c'était son droit et son devoir. En un monologue muet et expressif, l'amateur se demandait s'il vendrait une ferme en Beauce pour acheter ce profil et, avec une coupable hésitation, ne se décidait pas encore. Thérèse aima à se figurer que, comme sa cousine, elle craignait d'être vue par monsieur Caldzaigue; comme elle jadis, elle se jeta dans l'escalier, où elle fut rejointe, cueillie, emportée par **Paul Nattan**, et finalement insérée entre des murs assez bien capitonnés pour étouffer les sanglots.

Mais ici, madame Méniole se sentit un peu dépaysée, car il lui sembla que son historiette déviait visiblement de la leçon primitive. Paul l'avait assise sur un long divan oriental, couvert de riches tapis, et là, tout en la berçant de paroles amusantes et sonores, il l'avait débarrassée de son chapeau, avec la prestesse d'une bonne femme de chambre, en ayant bien soin de mettre de côté l'épingle, et il l'avait dégantée professionnellement, comme une demoiselle vendeuse, dans un magasin de gants. Enfin, avant d'avoir pu dire : Ouf! l'imprudente visiteuse se sentit ponctuée, jonchée et semée de baisers sans nombre, comme le manteau d'azur d'un roi est semé de fleurs de lys d'or. Il était un peu tard déjà pour placer le discours de Jeanne Claris ; raison de plus pour le prononcer tout de suite. Par malheur, elle ne s'en rappelait pas exactement le texte ; mais elle résolut de le suppléer par une improvisation cursive. Elle se résumait à ceci, que Paul lui plaisait infiniment et que, si elle eût pu se décider à trahir ses devoirs, c'eût été pour lui seul ; mais qu'enfin, arrivée au moment psychologique et suprême, elle ne se sentait pas la force de vaincre ses remords, et, pour conclure, elle sollicitait la permission de s'envoler, comme un oiseau.

— Eh! madame, dit Paul, votre volonté doit être obéie avant tout, et votre liberté m'est plus chère que ma vie.

En même temps, ayant regardé les yeux caressants de Thérèse, sa bouche entr'ouverte, ses dents humides, tout son être enamouré qui disait : Prends-moi! il l'emprisonna dans ses bras et laissa s'abattre un vol de baisers dans les frisons de son cou et sur sa chevelure. Madame Méniole s'était envolée, en effet, mais vers un pays de délices et de rêve, où les terreurs de Jeanne Claris ne sont pas connues, et où la petite fleur bleue de l'idéal foisonne, comme un vaste champ d'azur.

Revenue à elle, ravie, un peu fâchée, rouge comme une fleur, pensive comme une biche blessée, et faisant une jolie petite moue, Thérèse Méniole, avec un manque évident de sincérité, dit à Paul Nattan :

— Mais, monsieur, vous ne m'avez pas écoutée. Ce n'est pas cela que je voulais. Nous ne nous sommes pas compris.

Pareil à un geôlier qui a laissé échapper son prisonnier et qui le rattrape, de nouveau Paul mit sa captive dans l'impossibilité de nuire, et, d'un baiser, lui ferma la bouche. Puis, avec un air naïf et profondément ingénu :

— Pas compris! pas compris! dit-il. S'il en est ainsi, madame, c'est à recommencer!

Cette histoire prouve que tout le monde n'a pas les mêmes aptitudes, et que la chasteté, comme tous les autres arts, demande, chez ceux qui la pratiquent, non seulement la volonté, mais encore le don. Enfin, les astres se meuvent dans l'éther en vertu de lois éternelles, et il ne dépendait de personne au monde de changer, même pour une unique fois, la destinée de monsieur Méniole.

VII

LES AFFICHES

— Oui, nous dit Émile Danty, le grand poète Alfred de Musset a été merveilleusement inspiré en nous montrant son *Spectacle dans un fauteuil*, mais on peut aussi très bien savourer les délices de la comédie sans fauteuil, et même sans spectacle et sans livre, comme vous le prouvera cette historiette de ma jeunesse, et l'imagination suffit à nous faire voir en plein midi des milliers d'étoiles. Elle seule, et c'est assez.

J'avais dix-neuf ans tout juste, et ce jour-là même on devait représenter à l'Odéon ma première pièce. Je n'étonnerai personne de vous en disant qu'après avoir, la veille, distribué mon *service* entre mes amis, dès le matin, je me promenais à travers Paris, dans l'unique but de revoir de place en place l'affiche du théâtre, sur laquelle je ne me lassais pas de lire et de relire encore et toujours ces mots délicieux pour moi : *Roséa, princesse de Cappadoce,* comédie en quatre actes, en vers. En vers! je le crois bien, et un greffier plus fidèle aurait même pu écrire : *en rimes;* car les miennes, je m'en flatte encore, chantaient, carillonnaient, sonnaient et tintinnabulaient comme le passage d'un troupeau de licornes éperdues, ayant à leurs cous des clochettes d'or.

Comme j'étais sur le quai, plus que jamais livré à ma lecture favorite, je vis un jeune homme, plus âgé que moi de quelques années, qui lisait l'affiche avec non moins d'obstination que moi-même, et qui ne l'aurait pas bue plus avidement, quand même il aurait été le poète en personne. Peut-être était-il amoureux de quelque comédienne, par exemple de mademoiselle Sarradet, qui devait jouer le personnage de Roséa. J'écartai bien vite cette hypothèse, forcément démentie par l'aspect grave et austère de mon compagnon improvisé. Il était correctement vêtu de noir, et bien que rien en lui n'éveillât l'idée de la misère, comme j'éprouvais le besoin d'expliquer de façon ou d'autre son étrange conduite, je me figurai qu'il était un amateur de comédie, trop pauvre pour payer sa place, et se consumant en stériles désirs. En ce temps-là, j'étais fort timide, comme d'ailleurs je suis resté depuis. Néanmoins, je trouvai la force d'interpeller le promeneur. Je pris dans ma poche le coupon d'un dernier fauteuil d'orchestre, que j'avais réservé pour une circontance suprême, et je le lui tendis.

— Monsieur, lui dis-je, il me semble qu'il vous serait agréable d'entendre ce soir *Roséa, princesse de Cappadoce*; permettez-moi de vous offrir un billet pour cette représentation.

L'homme eut un sursaut. — Non! non! s'écria-t-il vivement, en jetant sur moi des regards où je crus lire l'horreur et l'épouvante, et il s'éloigna rapidement, courant presque.

Certes, il n'y avait là rien de flatteur pour mon amour-propre; mais j'avais pour le moment bien d'autres tigres à peigner; bientôt j'allais subir le divin supplice de l'auteur dramatique, auprès duquel les autres angoisses et les autres voluptés ne sont rien. J'avais obtenu mon succès, je m'étais soûlé d'applaudissements, j'avais été complimenté par le chef de claque et, le lendemain matin, dès le premier frisson rose de l'aurore, j'avais lu beaucoup de journaux, dans lesquels des écrivains appréciaient mon œuvre de façons diverses. Les uns me comparaient à Lope de Véga et à monsieur Scribe; d'autres voyaient en moi un crétin indélébile, d'autres me conseillaient d'étudier le cœur humain; mais tous étaient d'accord pour blâmer l'impertinente richesse de mes rimes. Un facétieux soiriste me conseillait de les engager au Mont-de-Piété, affirmant que cette combinaison me fournirait certainement de quoi acheter un vêtement complet à *la Belle Jardinière*. Un vêtement! à quoi bon? Ne me sentais-je pas vêtu de pourpre, et ne me surprenais-je pas à ôter de temps en temps mon chapeau, afin de ne pas gêner le laurier qui, sans nul doute, avait dû pousser spontanément sur mon front? Sans m'arrêter à ces billevesées, j'allai donc me livrer à des occupations utiles, c'est-à-dire lire, comme la veille, sur toutes les affiches ces mots qui sacraient ma gloire : *Roséa, princesse de Cappadoce!* J'allai me planter devant la colonne située près de l'Odéon ; comme la veille, l'autre lecteur y était déjà, et lisait l'affiche avec une attention surnaturelle. Je m'imaginai sottement que, la veille, il avait refusé mon offre par discrétion; je m'approchai de lui et je lui dis très timidement :

— Monsieur, j'ai aussi des billets pour ce soir; voulez-vous me permettre de vous en offrir?

En me regardant avec une expression désespérée et hautaine, il put se convaincre qu'il n'échapperait pas à ma curiosité. Il prit donc le parti héroïque de céder tout de suite, et se mit à marcher à côté de moi, me guidant. Nous entrâmes au Luxembourg, où les lilas étaient en fleurs, car on était au commencement du printemps et, sans préparation ni exorde, l'inconnu m'apprit ce que je désirais savoir.

— Monsieur, me dit-il, je me nomme Pierre de Farran, et je suis l'un des fils du célèbre procureur général dont les illustres travaux ont eu tant de retentissement sous l'Empire. Nous habitions dans la rue Servandoni un hôtel froid, glacial, sinistre, où j'étais seul avec mon père ; ma mère l'avait depuis longtemps quitté, à la suite de circonstances que je n'ai pas voulu connaître, et Jean, mon frère aîné, s'était enfui de la maison. Il avait parcouru la Chine, le Japon, l'Australie ; mais au bout de quelques années, on n'avait plus entendu parler de lui, et on le croyait mort. Impénétrable, sévère pour lui comme pour les autres, mon père n'admettait aucun plaisir, aucune distraction, et, dans son immense bibliothèque, n'avait pas un ouvrage littéraire ; pour lui, les livres d'imagination pure n'étaient bons qu'à dégrader et à pervertir les âmes. A peine recevait-il de temps en temps quelques amis silencieux, appartenant à une époque abolie, et nous étions servis par des valets qui ressemblaient à des fantômes. A vingt-deux ans, je travaillais, comme mon père et sous sa direction, de quinze à dix-sept heures par jour. Le droit, la législation de tous les pays, l'histoire complète des traités diplomatiques, les travaux des parlements, j'avais entassé tout cela dans ma tête qui, je ne sais pourquoi, n'éclatait pas. En revanche, je n'avais jamais lu un vers français, ni vu un spectacle, ni dépensé un sou d'argent de poche, car je n'en avais pas.

Mon père voulait que j'appartinsse, comme lui, à la magistrature; mais comme il entendait aussi que la procédure, dans ses moindres détails, me fût familière, il m'avait placé chez un avoué, pour me la faire étudier, et je m'étais assimilé cela, comme le reste. J'étais devenu habile comme un procureur de la vieille roche; rien de ce qui s'écrit sur du papier timbré ne m'était étranger, et si on m'avait laissé seul sur une roche nue, dans une île déserte, j'aurais su y intenter des procès, et les gagner. Cependant, je maudissais ma vie dénuée de toute joie; mais elle changea du tout au tout, à un subit coup de baguette du destin. Chez nous, en passant devant un grenier, dont un valet avait par mégarde laissé la porte ouverte, j'y vis, jetés dans la poussière, de vieux bouquins dépenaillés, reliés en basane. J'entrai et je m'en saisis ; c'étaient des romans de chevalerie, les contes de Perrault, *Les Mille et une Nuits*, *La Jérusalem délivrée*, et enfin, presque complet, un Shakespeare !

Dans mes courtes nuits, je dévorai, je lus tout cela ; par-dessus le fatras qui l'emplissait, je mis encore dans ma tête ce tas de poésie ; ma tête est une tête de fer que rien ne brise, et où il y avait de la place pour cela aussi. Dès lors, je fus délivré, égaré dans les enchantements, évadé dans le pays du rêve. Le grenier contenait aussi des mélodrames anciens et des mimodrames comme *Les Chevaliers du Soleil*, dont je voyais briller les flamboyantes armures. Mais où était-il, le théâtre où ces merveilles se réalisaient matériellement pour le plaisir des yeux ? S'il existait, je ne le verrais certainement jamais ; car à dix heures du soir l'hôtel de Farran était fermé avec des verrous de prison, et mon père et moi, chacun dans un cabinet différent, nous lisions des in-folios, et nous entassions des rames de notes et d'écritures. Mais un nouvel événement inattendu vint achever de transfigurer ma vie. Sur le seul chemin que je parcourusse jamais dans Paris, c'est-à-dire sur celui qui conduisait de l'étude de maître Gatbois à l'hôtel de Farran, on installa une colonne Morris, couverte d'affiches de théâtre.

Je n'avais jamais vu d'affiches ! Tout à coup, elles éclatèrent à mes yeux, jaunes, bleues, vertes, maïs, lilas, grises, rouges, couleur de pensée et couleur de rose. A l'instant, elles devinrent pour moi des figures féminines, vêtues de robes aux plis cassés, de draperies envolées dans le vent, couvertes de pierreries sur leurs fronts, sur leurs cous, à leurs oreilles, sur leurs poitrines, et parfumant l'air de leurs chevelures dénouées. Souriantes ou farouches, elles me brûlaient, m'enchantaient, me caressaient de leurs regards. Elles étendaient leurs mains, et alors se dressaient devant moi un théâtre, ou plutôt mille théâtres mêlés, amalgamés, enchevêtrés les uns dans les autres, éblouissants de lumière, où de somptueux décors montraient les champs, les villes, les forêts, les palais, les cieux, les cavernes d'or, les demeures des rois et celles des misérables, et les lacs d'argent où les tremblantes fées planent, en volant, sur les cimes des fleurs. Là se jouaient à la fois tous les drames, toutes les comédies, et s'aimaient, se combattaient, se poursuivaient les amants, les héros, les foules, les amazones guerrières, tandis qu'enivré de vers lyriques, de sanglots éloquents, de scènes douces et déchirantes, de plaintes, de musiques, de chansons triomphales, j'éprouvais à la fois toutes les émotions, toutes les souffrances et toutes les voluptés qui peuvent déifier l'âme humaine.

A présent, j'avais sous mes pieds la vie réelle, et je me multipliais dans un monde de chants, de parfums, de couleurs, peuplé de figures féminines aux cuirasses de diamants, ou aux transparents voiles d'azur, et sur le lac argenté de paillettes frissonnantes, passaient les barques d'or traînées par des cygnes, où voguaient les chevaliers armés pour délivrer la princesse, mince comme un lys. Le manque d'affection de mon père, le glacial hôtel Farran, les lois, les décrets, les traités, les commentaires dont je me gavais, l'étude moisie de maître Gatbois, je me souciais de tout cela comme d'un fétu ; j'avais à moi Titania, Shakespeare, les Florides, les îles d'Avalon, le pont du torrent, le palais fait d'une perle creuse, les graves rois songeant devant des pyramides de têtes coupées, et les péris peuplant l'air frémissant de silencieuses musiques ; il me suffisait de m'arrêter devant les affiches pour voir s'ouvrir à la fois, sur des scènes éclairées par une lumière céleste, toutes les portes de diamant du monde invisible.

Je perdis mon père ; j'appris, à ma grande surprise, que sa fortune était considérable, et elle me revint tout entière ; car mon frère passait pour mort, et son absence avait été constatée dans les formes légales. Je renonçai à entrer dans la magistrature, et cependant je continuai, par habitude, les travaux auxquels m'avait plié monsieur de Farran. Que m'importait l'emploi de mon temps, pendant les heures que je ne passais pas devant les séductrices, les charmeuses, les enivrantes affiches ? Je ne lisais plus, j'avais remis les livres dans le grenier, je voyais défiler devant moi les idées, les rêves, les créations de la pensée humaine : je regardais les affiches ! Mais qui ne détruit follement son propre bonheur ? Un soir, passant devant un théâtre, j'y retrouvai, j'y reconnus une affiche d'un lilas argenté qui, le matin, m'avait montré des spectacles inouïs. Stupidement, j'entrai dans la salle, et alors, ô horreur ! horreur ! horreur ! j'entendis des bourgeois parlant la plus ignoble prose ; je les vis tournant le dos, s'agitant, s'occupant de ridicules adultères, disant : *Qué qu' c'est qu' ça* et *J'y vas*, et alors, il me sembla que je devenais fou. Dans ma tête s'écroulaient à la fois les fleuves, les palais, les maisons de pierreries, près desquels gisaient Imogène et Cordélia mortes, horriblement mutilées, et ayant des couteaux plantés dans le cœur. Cependant, j'ai retrouvé la force, la raison, le goût de vivre en regardant la plus belle des affiches, celle qui annonçait *Roséa, princesse de Cappadoce*. Et vous voudriez me contraindre à aller voir la pièce ! Je sais bien que vous êtes le poète, mais ce n'est pas une raison ; car les poètes d'à présent sont tous des menteurs ; les affiches seules disent la vérité, et ne nous font pas voir des gens en habit bourgeois tenant des discours à la fois dépourvus de syntaxe et d'idéal !

— Telle fut, ajouta Danty, la confession de Jean de Farran.

— Et, dit l'un de nous, que devint-il ?

— Eh bien ! dit Émile, son frère, amateur de théâtre aussi, millionnaire aussi, revint de pays bizarres. Il y avait fondé des théâtres où Ophélie et Juliette étaient souvent représentées par des négresses, et où des Indiens inattendus venaient scalper les acteurs en scène. Il voulut forcer Jean à venir voir ses pièces ; mais lui se sauva dans une campagne où il dépérit, tué par la nostalgie. Rentré à Paris et alité, il s'abonna à l'imprimerie Morris, d'où on venait lui placarder les affiches dans sa chambre ; mais il les voulait en plein air, sous le ciel ! Grelottant d'une fièvre intense, il échappa à ses gardes, se leva pour aller voir les affiches, et s'évanouit au pied de la colonne Morris.

Reporté dans son lit, il y mourut, les yeux remplis de jaune, de gris clair et de rose, et l'âme pleine de joie.

VIII

PLATONIQUE

L'année dernière, par une matinée de printemps tiède et charmante, j'étais allé m'asseoir au jardin du Luxembourg et je savourais, comme un double concert, les parfums et les couleurs des jeunes lilas qui, dans ce paradis de fleurs, parcourent toutes les gammes du violet, du bleu et du rouge, jusqu'au rose tendre. Bientôt très près de moi, sur un banc de marbre qui touchait presque ma chaise, je remarquai un vieillard à la longue et très épaisse chevelure, d'un visage beau et distingué, mais vêtu d'assez pauvres habits. Il lisait attentivement dans un livre, dont l'aspect singulier me frappa. En effet, ce livre n'avait pas de couverture ; les cahiers qui le formaient semblaient avoir été grossièrement recousus ; et cependant, à voir la précaution, l'adresse délicate avec laquelle le lecteur le touchait, il était évident qu'il n'était pas lui-même l'auteur de ce désordre.

Comme j'admirais cette bizarrerie, la loueuse de chaises s'arrêta devant moi ; je mis la main à ma poche, et je m'aperçus que j'avais oublié ma bourse. Mais je n'eus pas le temps d'être embarrassé, mon voisin donna à la loueuse une pièce de deux sous. Puis il s'approcha de moi, et me regardant avec courtoisie :

— Mais, monsieur, dit-il, permettez-moi de ne pas vous laisser dans les rues sans argent.

En même temps, il me tendit un louis avec sa carte de visite, et cela fut fait avec tant de simplicité et de grâce que je n'eus même pas l'idée de refuser. Le vieillard s'éloigna d'un pas rapide, et aussitôt je lus sa carte. Elle indiquait une rue dont je n'avais jamais entendu parler et un nom qui, au contraire, éveilla aussitôt en moi je ne sais quel vague et incertain souvenir. Cependant, il finit par se préciser dans ma pensée ; mais ce fut le lendemain matin seulement, et lorsque j'arrivai devant la maison où habitait monsieur Cyprien Joge : tel était le nom de l'aimable homme qui m'avait si spontanément obligé la veille. C'était dans une des petites rues qui s'ouvrent près de l'Observatoire ; non sans peine et en m'informant à des boutiques voisines, je trouvai l'endroit que je cherchais et qu'il est difficile de désigner par un nom moins vague. Par une porte ouverte dans un mur délabré et croulant, on entrait dans une forêt vierge. C'était, comme je le sus plus tard, un terrain non utilisé, appartenant à un propriétaire qui, depuis de longues années, habitait dans l'Inde, et que son notaire, n'ayant pas reçu d'ordres pour agir autrement, laissait en friche. Il était ombragé par quelques arbres centenaires, et d'ailleurs plein de broussailles, de ronces, d'arbustes de toute sorte, livré à la végétation envahissante et habité par un peuple d'animaux qui y avaient élu domicile. On y voyait des centaines d'oiseaux se poser légèrement sur les branches, des grenouilles sauter dans les flaques d'eau, des écureuils courir dans l'herbe, et on y entendait aussi des chats miauler amoureusement.

Au fond de ce terrain, assez vaste, se dressait, appuyée sur le mur de la propriété voisine, une masure, une sorte de cahute ne comportant qu'un rez-de-chaussée, et dont le toit, où manquaient des tuiles, avait été raccommodé avec du carton bitumé. J'entrai, après avoir inutilement frappé. L'unique chambre était vide, et j'eus le temps d'en inventorier le mobilier. C'étaient un charmant lit Pompadour, rechampi en blanc, mais cassé et réparé moyen d'une planche brute, clouée avec de gros clous; deux jolies bergères, un fauteuil canné, un bureau Louis XV, tout cela brisé, croulant, rapetassé, et ces épaves avaient été nécessairement achetées chez un de ces bric-à-brac de bas étage, établis dans des caves, qui vendent des chiffons, de vieux tessons, des cuivres déchirés, et n'ont que par extraordinaire des meubles abolis dont aucun marchand n'a voulu. Puis une petite fontaine à filtre, un pot à l'eau et une cuvette oblongue en faïence de Lunéville, un verre unique, et c'était tout : sauf la bibliothèque! Elle se composait d'une assez large planche en bois blanc, traversant la chambre dans toute sa longueur, des deux côtés appuyée sur de lourds tasseaux cloués dans la muraille, et soutenue au milieu par une autre planche formant console. Sur cette tablette étaient rangés avec ordre, les uns dressés, les autres posés à plat, cent cinquante volumes environ, presque tous pareils à celui que j'avais vu au Luxembourg, privés de leurs couvertures, dépenaillés, ou grossièrement recousus.

Enfin monsieur Cyprien Joge parut, revenant de quelque course dans le quartier. Il me fit asseoir en m'appelant par mon nom, (car par hasard il me connaissait,) il reçut, avec tous mes remerciements, le louis que je lui rendis, et nous causâmes pendant quelques instants. La mémoire m'était complètement revenue, et ma curiosité était exaltée. J'éprouvais quelque embarras à aborder le sujet qui me tenait au cœur; je m'y décidai enfin.

— Pardonnez-moi mon indiscrétion, dis-je; mais, monsieur, n'êtes-vous pas l'auteur de cette admirable, de cette merveilleuse poésie intitulée : *La Reine amoureuse*, que m'a communiquée jadis mon regretté ami Charles Asselineau, et qui, si je ne me trompe, était signée d'un nom pareil au vôtre.

— Oui, dit monsieur Joge, comme épouvanté, et parlant alors presque à voix basse, quoique nous fussions dans un désert, je suis en effet l'auteur de ce petit poème ; mais n'en parlez pas, ne le dites jamais, gardez pour vous seul un secret sans importance, et ne troublez pas mon heureuse quiétude. Ce serait une mauvaise action, car je suis ce que sans doute vous n'avez jamais vu : un homme absolument heureux sur la terre! Je n'ose dire ni penser que je suis poète. Mais la vérité, c'est que j'aime, j'idolâtre la poésie, que je l'aime de toutes les énergies de mon cœur et de toutes les gouttes de mon sang, que je me suis donné à elle, et que je vis uniquement pour elle. Quand j'étais.

jeune, deux ou trois grands poètes ont connu mes travaux, que je leur confiais secrètement, et ont bien voulu y attacher quelque prix.

Mais aujourd'hui, ceux qui furent mes maîtres sont morts ; je ne connais personne au monde, personne ne sait que j'existe, et je vis dans une absolue solitude. Ne désirant rien, ni la gloire que je ne mériterais pas, ni la publicité que j'ai toujours fuie, je compose des vers que j'aurai soin de brûler avant ma mort, et que je puis écrire sans avoir souci d'autre chose que du beau, de la sincérité complète, de l'harmonie des sons que poursuit mon oreille, heureusement née musicale. Le Rhythme et la Rime, patiemment adorés, me procurent des voluptés dont l'intensité surpasse toutes les autres, et je reçois une récompense céleste, quand je suis arrivé à fixer une impression, un rêve, ou une histoire, dans une forme relativement parfaite, dont je sens moi-même la justesse et la délicate eurhythmie.

— Mais...? dis-je, en jetant malgré moi sur la chambre et sur son mobilier un regard interrogateur.

— Ah! me dit Joge, vous cherchez quel est le système économique de ma vie? Je suis riche, horriblement riche, et, grâce au ciel, je puis faire des charités : j'ai douze cents francs de rente !

Fils d'un pauvre mercier de village, qui n'avait rien pu amasser et qui ne me laissa rien, je venais de perdre mon père et ma mère quand je vins à Paris. J'avais alors dix-huit ans, et depuis, je n'ai pas quitté Paris, ni fait aucun voyage quelconque : je ne connais pas Saint-Cloud! Tout de suite, en arrivant, je fus pris, saisi, dompté par la divine poésie; je sentis que son long baiser, qui dure toujours, m'était indispensable; mais il fallait vivre. J'avais été élevé par un maître d'école qui, par un hasard moins rare qu'on ne le croit, se trouvait être un grand savant. Aussi, m'étant tout de suite senti impropre aux besognes, aux luttes littéraires et à la poésie considérée comme moyen de gagner de l'argent monnoyé, je pus trouver mon pain en corrigeant des épreuves de grec, et en faisant des comptes difficiles pour de petits négociants. Mais un jour, la richesse me tomba sur la tête, comme une cheminée. Mourant sans enfant, le frère de mon père me légua la fortune au moyen de laquelle je recommence Crésus et Sardanapale. Le notaire par qui me fut transmis cet héritage compte parmi ses clients le marquis de Cadith, propriétaire du terrain où est situé ce palais. C'est lui qui me l'a loué, j'en ai pris possession tout de suite, et j'espère bien y mourir. Et j'y ai savouré non seulement les plus enivrantes joies, mais aussi, à certains jours, la débauche et l'orgie, qui consistent pour moi à exécuter des poèmes compliqués, sur des rhythmes difficiles.

Cependant, il me reste à vous expliquer mon budget. Ce logis digne d'un prince, avec son parc sauvage et magnifique dont j'ai la jouissance, me coûte cent cinquante francs par an. Je fais mon ménage, et je ne paie pas de porteur d'eau, allant chercher mon eau moi-même aux fontaines. Le matin, je vais chez le boulanger. Parmi les pains entamés, avec tout le raffinement de la gourmandise, j'en choisis un bien cuit, doré et croustillant, dont je me fais couper un morceau. Ce morceau de pain, je vais le manger, à titre de déjeuner, dans le Luxembourg, dans quelque bel endroit, où j'ai sur mon front l'ombre des feuilles. Mon repas fini, je sors du jardin, et je vais boire avec délices, mais toutefois sans m'écarter de la modération, à une fontaine Wallace. Le soir, je dîne dans un cabaret de cochers, où, pour dix-sept sous, on me donne une excellente tranche de rôti accompagnée de légumes, que je mange avec trois sous de pain. Je ne bois pas de vin, je ne prends pas de café et je ne fume pas. Mon seul vice consiste à composer des dizains, rondels, rondeaux et ballades, d'après les types laissés par Charles d'Orléans, Villon, Marot et Rabelais.

Ma grosse dépense, c'est les livres! J'en ai de beaux, de précieux et de rares. Mais comme j'ai le temps de passer de longues heures sur le quai et d'attendre les occasions, je les ai tous achetés à raison d'un à quatre sous le volume, et, parmi eux, il y a des éditions originales de romantiques ornées de Johannot devenus introuvables, des autographes de poètes et d'écrivains célèbres, et je possède même un poème de Voltaire, (médiocre, il est vrai,) portant sur la page du titre deux vers écrits de la main même du grand homme. Tout cela, certes, vaut de l'argent ; mais je n'ai pas besoin d'argent. Même, j'en ai trop, faisant des économies : j'achète mon linge rue Montorgueil, au grand magasin où se fournissent les ouvriers. Enfin, j'exerce encore la profession de comptable et de teneur de livres, pour deux de mes voisins seulement. L'un est un marchand d'habits de la vieille roche, honnête homme et dénué d'ambition, qui me fournit des vêtements, des chaussures et des chapeaux pour presque rien ; l'autre, une blanchisseuse qui, en échange des écritures que je fais pour elle, blanchit mon linge, le repasse, le raccommode et coud des boutons à mes chemises.

Ainsi parla Cyprien Joge, et moi j'admirais, stupéfait. Cependant, poussé par l'esprit de perversité critique, j'éprouvais le besoin de faire une objection.

— Voilà, dis-je, un plan de vie admirable, dont nos ministres des finances devraient étudier la conception et l'ensemble. Toutefois, il vous a manqué une toute petite chose qui est tout. Vous n'avez pas eu l'amour !

— Mais si ! dit vivement Cyprien Joge. Depuis trente ans, j'aime passionnément, de toutes les forces de mon être et de toutes les gouttes de mon sang, une femme qui, comme moi, a passé presque toute sa vie dans le Luxembourg, où je la contemple avec extase. Elle ne me connaît pas, ne me connaîtra jamais, et doit ignorer toujours mon existence ; mais je n'ai jamais cessé et, jusqu'à mon dernier soupir, je ne cesserai pas de l'adorer et de l'admirer, avec une intelligence parfaite de sa beauté et de son énergique bonté ; une telle communion intime n'est-elle pas ce qui constitue la plus sûre et la plus absolue possession ? J'ai vécu, pensé, espéré, souffert avec elle ; j'ai mis mon cœur de moitié dans les grandes charités que sa fortune et son dévouement lui ont permis de faire. Lorsque je contemplai pour la première fois sa tête brune et charmante, mademoiselle Thérèse Attené, fille du grand éditeur de livres de sciences, était une fillette allant en promenade avec sa pension. Elle a épousé le docteur Caruel, l'illustre professeur de l'École de médecine, et je n'ai pas haï celui qui semblait me la prendre, car il était digne de s'unir à une telle femme et de lui donner le bonheur qu'elle méritait, n'étant pas comme moi possédé par une maîtresse impérieuse. Je l'ai vue, oh! si longtemps et avec quel ravissement! faire jouer dans le jardin sa fille, sa petite Éliane, qui ressemblait à l'éblouissement d'une rose.

Puis, lorsqu'elle a perdu son mari, je l'ai vue, pâle, dans son deuil de veuve. J'ai vu grandir mademoiselle Éliane, non plus belle que sa mère, mais pareille à elle. J'ai assisté à son mariage avec monsieur Étienne Valdo, un des plus braves capitaines d'état-major de l'armée. Aujourd'hui, dans le Luxembourg, je les vois toutes deux, la mère et ma bien-aimée, la grand'mère en cheveux blancs, regardant courir leurs petits enfants Paul et Marie, dont le soleil baise les têtes blondes. Enfin, connaissez toute mon ambition. Monsieur Valdo est un homme supérieur, capable de tout comprendre. Un jour, bientôt, car l'âge me presse, je lui ferai ma confession complète, et j'espère qu'il voudra bien accepter pour ses enfants le legs de mes livres précieux et de mes autographes. Ainsi je connaîtrai la suprême joie, qui est de pouvoir donner à ceux qu'on aime.

Après un silence, pendant lequel nous rêvions tous deux, je dis enfin au vieux poète :

— Oui, vous aurez été, il est vrai, parfaitement heureux, mais d'une manière tout idéale. Car, en somme, vous n'avez possédé aucune des réalités.

— Mais, me dit Cyprien Joge, qui me regarda avec un bon sourire ingénu, IL N'Y A RIEN DE RÉEL !

IX

PRUDENCE

En suivant le pont des Arts, Joseph Hamme avait encore la pensée pleine de Brigitte, et il ne pouvait s'empêcher de songer à elle, obstinément. Ce qu'il regrettait pourtant, ce n'était pas elle; c'étaient les chastes, délicieux, charmants commencements de leurs amours, dont le souvenir était désormais gâté pour toujours par les tiraillements, les angoisses et les abominables vilenies de la rupture. — Ah! pensait-il, ce qu'il y a d'odieux dans les poèmes, tragédie ou comédie, c'est la catastrophe ou le ridicule mariage du cinquième acte, avec son poison ou ses notaires, et c'est de même dans la vie! Pour bien faire, rien n'y devrait finir, ni même continuer, et il faudrait arrêter *Ruy Blas* et *Roméo et Juliette* après les extases lyriques du premier acte. On ferait alors entrer sur la scène des masques portant des crincrins et des tambours, et tout s'achèverait, au mépris de la logique, dans un tourbillon de délire et de joie.

Tout en poursuivant ces réflexions, Joseph était arrivé à la Banque, où il avait à toucher une grosse somme, qui lui fut payée en billets, et aussi en pièces d'or. L'une d'entre elles attira son attention, par un aspect singulier et énigmatique. En effet, elle portait le millésime de 1730 et montrait, comme effigie, la tête charmante du roi Louis XV, âgé de vingt ans. Cependant, faite d'un or jaune, presque vert, d'un ton exquis, cette pièce semblait et était toute neuve, éclatante et brillante comme si elle venait d'être à l'instant frappée par le balancier de la Monnaie. Si elle enchanta Joseph Hamme par la perfection de la gravure, par la beauté de la fonte et par la qualité vraiment rare du métal, en même temps elle créa dans son esprit un douloureux embarras. Quoique fort riche, célibataire et n'ayant sur la terre aucune obligation, il n'était pas embarrassé de la liasse de billets et du tas d'or, qu'il pouvait employer en dépenses utiles, en charités, en aumônes et en objets de luxe. Il n'en fut pas de même pour la belle pièce neuve, sans doute conservée ainsi dans une de ces cachettes ou dans un de ces étonnants bas de laine qui attestent la supériorité de la Province sur Paris.

La garder? Joseph Hamme n'y songea pas un instant, car il avait pour principe absolu de ne jamais conserver par devers lui aucun métal monnoyé, et de dépenser religieusement, dans le plus bref délai, tout celui qui lui passait par les mains. Or, en voyant la pièce à l'effigie de Louis XV, il avait éprouvé un immense besoin de l'employer à acheter quelque chose d'indiscutablement superflu. Mais n'était-ce pas là poser un problème insoluble? Car pour un Parisien très riche, où commence le superflu? On ne peut ranger dans cette catégorie les tableaux, les livres, les reliures, les joyaux, les bibelots, dont l'achat et le classement constituent pour les gens du monde un devoir et une occupation régulière. Acquérir un objet hideux, sans usage possible, c'eût été simplement éluder la difficulté, et c'est ce que Joseph Hamme, esclave de sa conscience, ne voulait pas.

En passant sur le boulevard, il vit à l'étalage d'une fleuriste, non un bouquet, mais une botte de roses, avec leurs tiges et leurs feuillages, vivantes, sanglantes, caressantes, d'une fierté superbe et d'une incomparable noblesse.

Tout de suite il les acheta, et les paya avec sa pièce d'or. En effet, la question était résolue. Car acheter des fleurs qu'on ne peut, sous peine d'absurdité, garder pour soi, et qu'on ne peut ni ne veut donner à aucune femme, n'est-ce pas avoir acquis un objet superflu? Or, Joseph ne connaissait et ne voulait connaître aucune femme. La seule qui ne lui fût pas complètement étrangère était une cousine à lui, madame Ernestine Marye, qu'il voyait à peine une fois tous les six mois, et dont il fuyait la maison avec le soin le plus fidèle, pour éviter les thés de cinq heures, les gens du monde et les conversations spirituelles. Or, ne pas être invité à dîner étant un des buts qu'il poursuivait le plus ardemment, il se fût bien gardé d'envoyer à sa cousine les fleurs qui, d'ailleurs, n'eussent pas eu ainsi une destination inutile et poétique, ainsi que le commandait la beauté de la pièce d'or.

Cependant, comme l'esprit ne se repose jamais, Joseph Hamme, en supposant le cas où la botte de roses aurait dû être offerte à une femme, se demanda nécessairement quelle aurait été cette femme, et, par la puissance de création que nous ne pouvons étouffer en nous, se la figura. Belle, jeune, heureuse, dans l'éblouissement de la santé et de la chasteté, un peu grande et svelte, avec des formes arrondies, elle avait des yeux pleins de flamme et d'une pureté céleste, des sourcils divins, un nez amusant, quoique régulier, des oreilles de néréide, des lèvres pourprées, épaisses et délicates, un teint brun et mat sur lequel éclatait la vive splendeur du sang rose. D'ailleurs, portant avec une suprême élégance des vêtements identifiés avec elle, elle tenait son ombrelle d'une main intelligente et royale, gantée avec génie. Telle Joseph Hamme s'imaginait la femme à qui auraient dû être offertes ses roses, et il avait d'elle une conception si nette et lucide qu'il ne fut nullement étonné lorsqu'il la vit à quelques pas de lui, réelle, en chair et en os, marchant sur l'asphalte du boulevard, et s'avançant vers lui, comme si elle venait à sa rencontre.

Cette promeneuse était une femme tout à fait vertueuse et honnête, dont la vie avait toujours été pure et dont l'esprit même n'avait jamais été effleuré par l'aile d'une mauvaise pensée. Cependant, à ce moment-là, il se passa en elle un phénomène bizarre, inouï, inexplicable, si quelque chose l'était, et d'autant plus surprenant qu'il venait troubler son âme jusque-là exempte de caprices. En voyant les roses que portait Joseph Hamme, la passante subitement en eut une envie folle, impérieuse, désordonnée, une de ces envies sous la pression desquelles un homme, qu'on a toujours connu probe, vole un joyau, en cassant une glace à l'étalage d'un orfèvre. Quelque chose comme la fureur de ce jeune romantique de 1830 qui, à la Comédie-Française, dans une loge, saisit à pleines mains et baisa brutalement les épaules d'une dame placée devant lui, sans plus se soucier du mari présent que s'il n'eût existé jamais, quoique ce mari, vieillard illustre, fût son bienfaiteur et son ami. La passante, si distinguée et réservée, eut un de ces accès ; le sang envahit son cerveau et, comme les meurtriers, elle vit rouge.

Un tourbillon d'idées insensées dansa dans sa tête ; elle pensa à aborder le jeune homme et à lui demander son bouquet, au risque de montrer une impudence monstrueuse. Elle pensa aussi à faire comme certains voleurs, à arracher violemment les fleurs de la main qui les tenait, et à se sauver ensuite. Mais elle n'eut pas la peine de choisir entre ces partis absurdes ; car, en passant près d'elle, Joseph Hamme, d'un geste net et résolu, lui tendit la botte de roses. Sans faire une objection, même muette, sans dire : merci, de la voix ni du regard, la dame s'en saisit, comme d'une proie. Quant à Joseph Hamme, il était déjà bien loin, perdu dans la foule. Il s'était enfui, comme un incendiaire qui vient de mettre le feu à une meule de foin, et qui entend galoper derrière lui les chevaux des gendarmes.

Certes, il fuyait, plein de joie, ravi de ce commencement de roman, irrévocablement terminé au premier chapitre, et sous lequel on aurait pu écrire cette mention : *La suite à jamais!* Toutefois, brave comme un zouave, ayant exposé mille fois sa vie à propos de rien, prêt à la donner pour sauver un huissier bavard ou un usurier féroce, il était accessible à une crainte unique, mais cette crainte, il l'avait dans tout le sang de ses veines et jusque dans ses moelles. Ce qu'il redoutait, c'est l'âme de monsieur Scribe, persistant dans les âges, et toujours servilement imitée par la vie réelle. Rencontrer de nouveau la femme aux roses, l'aimer, être aimé d'elle, puis, après un voyage à travers les Edens toujours refleurissants, après avoir foulé la pourpre rose jetée sur les escaliers bleus du paradis, retomber, comme ci-dessus, aux désastres, aux douleurs, aux ignominies de la haine et de la rupture, à la fin, au couplet de sortie, à l'abominable cinquième acte, n'était-ce pas sa destinée écrite? Mais cette destinée, il était résolu à s'en affranchir par une audacieuse révolte, estimant que, contre les cruautés du sort, l'insurrection est le plus saint des devoirs.

Il s'agissait de réfléchir et d'*être d'analyse*. Madame Ernestine Marye étant la seule femme qui connût Joseph Hamme ; c'était évidemment par elle et par son entremise qu'il devait revoir et retrouver la dame inconnue ; car la Vie, auteur dramatique selon la plus vieille formule, ne recule pas devant *la scène à faire*, et la fait toujours. En conséquence, Joseph résolut d'aller droit au danger pour l'éviter mieux, de prendre le taureau par les cornes pour le tenir en respect, et à ces causes, il alla rendre visite à sa cousine.

— Ah ! mon cher Joseph, lui dit, après quelques prolégomènes, madame Ernestine Marye, vous ne pouviez tomber mieux ! Je veux vous faire connaître une femme charmante, que j'aime entre toutes, la meilleure compagne de mon enfance et de ma première jeunesse. Elle habitait la province ; mais, devenue veuve, elle vient habiter Paris, et, recommençant le passé, nous allons nous remettre à vivre comme deux sœurs. Venez donc dîner avec moi d'aujourd'hui en huit. Vous verrez des gens d'esprit, de jolies femmes, un ou deux savants, il en faut toujours, à titre décoratif, et vous verrez surtout ma chère, ma jolie, ma séduisante amie, Henriette Fano.

Joseph Hamme accepta l'invitation, et promit

de s'y rendre ; mais il se jura à lui-même d'être, ce jour-là, à beaucoup de centaines de lieues de Paris. Car, en vérité, ce vaudeville s'annonçait trop comme cousu de fil blanc. Qui pouvait être madame Henriette Fano, sinon l'inconnue à qui il avait violemment donné sa botte de roses sur le boulevard? S'il n'en eût pas été ainsi, les circonstances d'une histoire vraie ne se fussent pas déroulées conformément au scénario adopté pour les pièces de théâtre, *ce qui ne se peut*. Mais il en était, en effet, ainsi, et Joseph Hamme en eut bientôt la preuve ; car, dès le lendemain, les personnages de cette historiette se trouvèrent réunis à un bal donné, malgré le printemps naissant, à l'ambassade anglaise.

— Ah! dit madame Ernestine Marye à Joseph, qui causait avec elle, debout près du fauteuil où elle était assise, vous n'avez pas besoin d'attendre à huitaine pour connaître mon amie, et je vais tout de suite vous présenter à elle!

En même temps elle désignait du regard, assise assez loin d'eux, une jeune femme vêtue de rose et parfaitement belle, en qui Joseph Hamme reconnut, comme cela était inévitable, la personne qu'il était décidé à ne jamais revoir.

— Ma cousine, dit-il, je suis à vous dans un instant.

Ayant ainsi parlé, il traversa les salons, se précipita au vestiaire, saisit son paletot, descendit les escaliers, monta dans sa voiture, et dit au cocher :

— A l'hôtel, très vite. Brûle tout.

Le lendemain matin, de très bonne heure, Joseph Hamme congédia tous ses domestiques, sauf un seul, un vieillard nommé Marguerand, qui l'avait vu naître, et qui lui était profondément dévoué. Puis, ayant fait fermer avec le plus grand soin tout l'hôtel, où il ne resta pas même un concierge, il passa chez son banquier et se munit de fonds considérables. Il prit ensuite le chemin de fer de Versailles, à la gare Montparnasse, et s'arrêta à Meudon, où, très vite, il découvrit, dans un chemin non fréquenté, très près du bois, entourée par un jardin de vieux arbres qu'envahissaient les gazons, le lierre et les feuillages, une maison inhabitée depuis dix ans, qui était à vendre toute meublée. Séance tenante, il l'acheta, sous le nom de Marguerand, qui devait passer pour le vrai maître, et s'y installa.

Cependant, en cette réclusion, il lui fallait une occupation absorbante. Joseph Hamme savait l'anglais, mais pas assez bien pour lire

Shakespeare dans sa langue, ce qui était un de ses plus chers désirs. Il engagea donc, pour être son compagnon de captivité, un professeur septuagénaire, féru d'amour pour Shakespeare, qui, pour l'étudier mieux, avait passé sa vie à Londres. Là, il avait presque oublié le français et, revenu à Paris, il était tombé dans la misère. Il fut trop heureux de se donner à Joseph Hamme, pour qui une telle compagnie n'était pas de trop ; car, plutôt que de revoir jamais madame Henriette Fano, il était résolu à finir ses jours, s'il le fallait, dans la maison ignorée et presque inaccessible. Mais il fut malheureusement affranchi de cette nécessité ; car, après une année à peine écoulée, il apprit par les journaux la mort tragique de cette charmante femme.

Aux Champs-Élysées, comme on le sait, elle avait été renversée par son cheval et, en tombant sur l'asphalte, s'était brisée le crâne. Non seulement Joseph Hamme la regretta et la pleura amèrement ; mais de la façon la plus douloureuse, en songeant à ce qu'il avait fait, il se reprocha de n'avoir pas fait précisément le contraire. Tel est l'unique et inévitable résultat de tout ce que médite la prudence humaine. L'amour qu'il avait étouffé, empêché de naître, il aurait maintenant voulu, au prix de son sang, le ressusciter et le faire éclore. Mais on ne recommence rien, pas même ce qui n'a pas eu lieu, et la véritable sagesse consiste à ne pas voir plus loin que son nez.

X

LES MARIS

Deux amies intimes, la comtesse Louise de Latil et madame Marie de Cherfix. s'étaient mariées le même jour, à la même heure, à l'église de Saint-Thomas-d'Aquin. En se disant adieu au sortir de la sacristie, car toutes les deux partaient, fuyaient Paris dans des directions différentes, elles avaient formé le projet d'entretenir une active correspondance. Cependant, ces deux jeunes femmes qui, grâce au ciel, étaient également peu épistolières, après six années écoulées, n'avaient encore échangé aucune lettre. Un matin, dans le parc Monceau, madame de Latil rencontra à l'improviste son amie, venue à Paris pour y passer quelques jours et, sans admettre aucune excuse, l'emmena chez elle, séance tenante. Quand les deux jeunes femmes furent commodément assises dans un boudoir tendu d'étoffe bleu pâle, dans laquelle luisaient aigus de vagues feuillages d'argent, elles causèrent. Puis, après les premières confidences, la comtesse de Latil laissa déborder toute l'amertume dont son cœur était plein.

— Ah! ma chère, dit-elle, quelle niaiserie, quelle plaisanterie, quelle mystification, quelle horrible farce que le mariage! Ah! si on le savait à l'avance, comme on aimerait mieux tout! Être religieuse sans vocation, que dis-je? dame de compagnie dans le plus douloureux esclavage, petite maîtresse de piano sans talent, courant le cachet avec des caoutchoucs, actrice manquée, poétesse ridicule, saltimbanque vêtue en velours de coton semé d'étoiles, et jouant du trombone dans les foires, oui, cela vaudrait mieux. Et ce qu'il y a de pis, n'est-ce pas? c'est que tous les maris, sans exception, sont exactement de la même farine.

— Oh! pas tout à fait, dit madame de Cherfix.

— Oui, je te comprends, dit la comtesse, la douleur me rend injuste, et, en effet, tu dois être encore mille fois plus malheureuse que moi, car pour toi ce fut net et complet. Tu as épousé un simple colosse, un géant bon à montrer dans les baraques, un phénomène qui avec ses doigts casse en deux un fer à cheval, comme le maréchal de Saxe, et qui ne gagne pas de batailles! Un Auvergnat qui te fait vivre en face d'un décor de volcans éteints, dans son Auvergne, où les dames portent des chemises en bois et, par économie, se mouchent dans des mouchoirs épais comme des planches.

— Il est vrai, dit madame de Cherfix, que mon mari est très fort et casse tout ce qu'il veut casser; mais je ne m'en plains pas.

— Ah! pauvre petite! dit madame de Latil, je vois que l'abominable déesse de la Province, la Résignation, a déjà mis son pied sur ta poitrine. Moi, du moins, j'ai été, je suis, j'ai pu rester une dame parisienne, et je brille, et je fais belle figure, et l'on m'envie. Oui, ce qu'on voit de moi est charmant et superbe; mais, comme dit Ruy Blas, si tu voyais dedans! Ma chère Marie, mon choix ne semblait-il pas justifié? Monsieur de Latil est comte. Quand ma main lui fut accordée, sa richesse était proverbiale; avec ses grands yeux brillants et humides, ses lèvres de pourpre, sa barbe légère, son nez hardi, vivant et nullement grec, il ressemblait à don Juan très jeune, et du consentement de tous les hommes, de toutes les femmes surtout, il était en effet un don Juan. Il avait affolé tant de femmes, qu'on ne les comptait plus; bien qu'il ne s'adonnât particulièrement à aucun art, les poètes et les artistes, en lui parlant, disaient: Nous autres. Il était sportsman, cavalier, homme d'épée, amateur d'art, et, comme c'était un point universellement admis, prodigieusement spirituel. Enfin, il savait si bien causer avec les femmes que, lorsqu'il leur donnait la réplique, elles ne disaient jamais de bêtises. Et lorsqu'il fut à moi, les dames jeunes et vieilles, les envieuses, les rivales, les Agnès rêveuses et rougissantes jetaient sur moi des regards qui signifiaient : Celle-là est bien heureuse!

— Mais, dit madame de Cherfix, il me semble qu'elles n'avaient pas tort.

— Ah! dit la comtesse, des fruits devenus cendre et des louis d'or changés en feuilles sèches, voilà ce que j'avais dans la main! Un spectre, une ombre, une chimère, un mort déjà plus qu'à moitié endormi, et, qui pis est, un escamoteur, un charlatan, un comédien, voilà qui j'ai épousé; et ce que j'ai, c'est rien du tout! Monsieur de Latil est comte, rien de plus vrai ; un de ses ancêtres a été anobli par Henri IV, pour avoir été plus que complaisant dans une histoire d'amour, dont il ne faut pas réveiller le souvenir. Riche, il l'est aussi, mais comme un joueur assis à une table de baccarat, tous ses fonds, réels et chimériques, étant engagés dans des affaires susceptibles de tous les dénouements, et incertaines comme le temps qu'il fera dans quinze jours. Au milieu du monde, à l'Opéra, dans un salon, Guy de Latil est pareil à un jeune dieu, et sa beauté est celle d'un adolescent. Mais la première fois qu'il est resté avec moi à la maison, je l'ai vu tel qu'il est, vieux, fatigué, irrévocablement malade de tristesse et d'ennui, à bout d'excès, ayant besoin, non des baisers d'une femme, mais des soins d'une mère, foncièrement égoïste et ingrat comme un ancien homme à bonnes fortunes.

Enfin, ce miracle d'esprit ne sait rien, ne se connaît à rien, n'a rien lu. Quand il s'est bien frotté au monde parisien, à son cercle ou sur le boulevard, il rapporte de là une moisson d'anecdotes et de saillies, qu'il répète avec une grâce apprise; mais abandonné à lui-même, il est entièrement dépourvu d'idées, ignorant comme une carpe, ennuyeux, ennuyé, méchant, parce qu'il a la tête vide comme une calebasse. Ses talents de sportsman, d'écuyer, d'escrimeur, autant de balivernes; il n'est qu'un cabotin bien seriné, répétant le jeu réglé par un bon metteur en scène. Je n'ai pas eu d'enfant et je n'en aurai pas, tu comprends assez pourquoi, et, du matin au soir, je me demande avec stupéfaction ce que je fais sur la terre.

— Mais, dit madame de Cherfix, ton mari est un monstre.

— Oui, dit Louise de Latil, comme le tien et comme tous les autres maris. Son tort le plus impardonnable, c'est qu'il n'existe pas. Mais enfin, ce malade chimérique, ce reflet d'une lumière absente, ce fantôme vague et indécis, crois-tu que je le possède entièrement et qu'il appartienne à moi seule? Ah! Marie, il n'est pas plus à moi que le pavé des rues foulé par les pieds des passants et que l'air souillé et vicié par leurs haleines! Comme les comédiens qui ont longtemps joué l'emploi de Bressant, il est invinciblement cousu dans sa peau d'amoureux, et il ne dépendrait nullement de lui de ne pas faire les mines et de ne pas dire les paroles qui ravissent les femmes sottes, c'est-à-dire beaucoup de femmes. Dès que monsieur de Latil ouvre la bouche, elles font des yeux de carpe pâmée et elles ont l'air de vouloir tomber dans ses bras. Ah! si elles pouvaient le voir comme je le vois, triste, quinteux et regardant ses bibelots avec étonnement, d'un œil atone, comme s'il ne les avait jamais vus! Mes seuls bons jours, c'est ceux où monsieur de Latil trouve la force de me quereller, de s'emporter; car alors, nous avons encore des raccommodements; et, il faut bien le dire, lorsqu'il s'agit de parler d'amour, Guy est plein d'élégance et d'ingéniosité, gracieux comme une femme, et d'une habileté en quelque sorte professionnelle. Mais ces raccommodements, qui toujours furent séparés par de longs intervalles, sont devenus à présent de plus en plus rares, et il m'est effroyablement facile de les compter.

— Ah! ma chère Louise, dit madame Marie de Cherfix, qui rougit de plaisir, pardonne-moi si je fais tomber de tes yeux des écailles; mais, par ton discours même et par ton triste récit, je comprends à quel point je suis heureuse! Un seul mot te le dira; tu parles du seul bien qui te reste, des raccommodements inespérés et lointains. Eh bien! comprends mon bonheur! Mon mari et moi, nous ne nous sommes jamais querellés, nous ne nous querellons jamais et à aucun titre; mais nous nous raccommodons tous les jours!

— Sans exception? demanda vivement madame de Latil.

— Sans aucune exception, dit madame de Cherfix, et, au contraire, avec d'adorables répétitions, qui ressemblent au retour, toujours attendu et pourtant délicieusement imprévu, des rimes dans un poème. Tel est mon mari.

— Et, dit la comtesse de Latil, à qui son

désespoir dictait l'ironie de cette plaisanterie effrontée, tu ne le prêtes pas?

— Sous aucun prétexte, dit madame de Cherfix, et, ce qui vaut encore mieux, il ne se prête pas lui-même. C'est tout simplement, et sans plus, un mari fidèle! Il n'a d'yeux que pour moi, et regarde les autres femmes comme des figures sans intérêt, qui seraient peintes sur un mur. Nous sommes des provinciaux, ma chère Louise; mais la province, c'est toutes sortes de choses, comme les fagots de Molière et comme les langues d'Ésope. On y voit des êtres qui grignotent, comme des souris, les parents à héritage encore vivants, et d'autres qui se disputent les sous, comme des chiens un os; mais on y rencontre aussi des mâles, comme Jean de Cherfix. Tu me disais qu'il n'a pas gagné des batailles, comme le maréchal de Saxe; mais il a été zouave en Afrique, et il s'y est fait trouer la peau, aussi bien qu'un prince. Tu riais des fers à cheval qu'il casse avec ses doigts; mais au château que nous habitons près de Chamalières, à deux kilomètres de Clermont, précisément dans un décor de volcans et de puys, et où nous vivons comme deux amants que nous sommes; c'est un de nos plaisirs d'aller seuls, sans valets, même le soir et la nuit, porter des secours aux malades et aux misérables. Alors, quand nous marchons ainsi dans les chemins creux, sous les grandes roches noires, il ne me déplaît pas que Jean soit fort comme il l'est, car si nous les rencontrons sur notre route, c'est pour les voleurs et pour les loups que la rencontre est mauvaise. Avec mon mari, je me sens mieux gardée que par une compagnie de gendarmes, et je suis bien tranquille. Enfin, j'ai quatre enfants, hâlés, robustes, forts comme de petits Turcs; ceux qui peuvent marcher déjà se baignent dans l'eau écumeuse de la Tiretaine, entre les blocs de lave, et sautent sur les chevaux, et s'y tiennent en empoignant leurs crinières. Comme il faut nourrir, peigner, habiller, torcher, baiser et adorer tout ce monde-là, tu penses que je ne m'ennuie pas ; car, avec quatre enfants, il y a de quoi faire ; mais j'espère que nous en aurons beaucoup d'autres.

Nos moyens nous le permettent! Nous avons cinq cent mille francs de rente en bonnes terres ; car de temps immémorial, les Cherfix, laboureurs et moissonneurs, ont gardé leurs biens au soleil et, en ce qui les concerne personnellement, se sont méfiés de l'industrie et du commerce, comme un chat échaudé craint l'eau froide. Nous sommes riches sans escamotage, et libres comme des oiseaux. Je ne donne aucun thé de cinq heures et aucunes dames, aux joues hypocritement peintes de rouges timides, ne viennent, en robes de Worth, me raconter des cancans de portières. De temps en temps, assez souvent même, nous donnons à nos voisins de ville et de campagne de grands festins, où on mange, non comme à Paris, des cristaux à grand spectacle et des porcelaines décorées comme des diplomates, mais des carpes géantes, des pâtés de venaison qui ressemblent à des forteresses, des longes de veau de rivière, des gigots de nos moutons, des perdreaux, des cailles et des bécasses, et aussi des cochons de lait, rôtis devant la flamme de la cheminée, et les légumes et les fruits de nos jardins, et des volailles non engraissées artificiellement, et des confitures faites par moi-même, avec des fruits et du sucre ! Le tout arrosé par les meilleurs vins de France, dont nos caves sont pleines. Or, comme tu le comprends bien, des gens abreuvés et nourris de la sorte n'ont aucune raison pour être méchants, ou même bavards et pour remplacer le rôti par des tirades ; en sorte que nos convives nous font bonne et joyeuse compagnie.

Mais, la plupart du temps, nous sommes seuls ! Tu t'inquiétais de savoir si mon Auvergnat a de l'esprit. Il a bien mieux que cela.

Comme il m'a élevée et instruite, je suis assez savante aujourd'hui pour te le dire, tous les mots qu'on rapporte du Cercle des Mirlitons, ou de chez Tortoni, sont âgés de plusieurs milliers d'années, et, par un chemin très long, il est vrai, viennent des anciens poèmes. Neveu de l'ancien évêque de Clermont, Jean a eu pour précepteur le secrétaire de ce prélat, qui était un colosse de science; aussi sait-il les langues anciennes et modernes, la musique, la poésie, l'histoire des religions, et tout le reste. Le soir, nous ne nous ennuyons nullement. Nous jouons du Wagner ou du Bach, sans être troublés par aucuns philistins; puis, comme nous recevons tous les livres, tous les journaux et toutes les revues, nous lisons pour nous amuser, et si les nouveautés nous ont trop barbouillés, nous nous débarbouillons avec la bonne ambroisie du Ramayana et de l'Iliade. Nous lisons aussi, jusqu'à minuit, Victor Hugo, ou Théophile Gautier, ou Baudelaire; et alors arrive naturellement l'heure impatiemment désirée et attendue — de nous raccommoder!

Ainsi parlait madame de Cherfix, et la comtesse de Latil l'écoutait, bouche bée, comme un petit enfant écoute l'histoire de Peau d'Ane. Mais tout à coup, l'heureuse provinciale instinctivement regarda sa montre; elle vit qu'il était l'heure où son mari devait l'attendre, et elle s'enfuit à la hâte, ayant à peine pris le temps d'embrasser rapidement son amie. Cependant, la comtesse Louise restait immobile, un peu ivre, comme si elle eût avalé un trop généreux vin. Enfin, elle sortit de sa rêverie et, regardant une belle rose ouverte, qui rougissait splendidement dans un pur cristal de Venise :

— Tous les jours ! dit-elle, pensive.

XI

POLITIQUE

— Si fait, dit madame Germaine Landa à Paul Jacquis, vous me le rendrez, ce service que j'attends de vous, et que vous me refuseriez, si je vous laissais faire. Vous me le rendrez, parce que je l'exige, et, comme vous ne l'ignorez absolument pas, ce que femme veut, elle le veut! Pourquoi c'est vous, et non un autre que j'ai choisi pour cette curieuse expérience? Par les raisons les plus dérisoires, les plus simples, et contre lesquelles nulle objection n'est possible. D'abord, vous êtes le frère de ma meilleure amie, de ma chère et bien aimée Catherine, qui a pu m'éprouver et qui est sûre de trouver en moi une affection sans bornes. Enfin, vous me connaissez profondément; mon honnêteté et ma vertu sont pour vous des certitudes; vous ne me soupçonnerez ni de coquetterie ni d'autre chose dans une épreuve horriblement suspecte, où je pourrais et devrais être mal jugée. Mais pour que j'aie fixé mon choix sur vous, il y a un autre motif encore.

— Et lequel, madame? dit Paul Jacquis.

— Mais, dit madame Landa, c'est que vous êtes le type complet, absolu et définitif de l'homme à bonnes fortunes! A ce que j'imagine, vous n'avez rien fait pour cela ; le bien vous est venu, sans même que vous dormiez et vous êtes né adoré, comme on naît rôtisseur. Près de vous, les femmes sont comme des brebis qui solliciteraient naïvement le couteau du boucher, et vous, pour passer à une autre image, vous ressemblez à un moissonneur autour duquel les épis se couperaient eux-mêmes et viendraient spontanément se lier en gerbes. Habillé par un simple tailleur, sans robes d'hyacinthe brodées de perles et sans aucune plume affolée sur votre tête, vous avez repris les affaires du roi Salomon et de don Juan Tenorio. Si vous avez encore des lèvres, c'est qu'elles étaient faites d'un métal bien solide ; rien de féminin ne vous est étranger, et si vous pouviez vous rappeler ensemble les voix qui vous ont dit à voix basse : Je t'aime, vous entendriez une symphonie dans laquelle tiendrait, avec ses caresses, ses murmures et ses sanglots toute la Lyre!

— Madame, dit Jacquis, vous prenez pour une poutre colossale un très petit fétu de paille, exigu, ténu et si mince qu'il n'existe pas. Mais enfin, sans nous arrêter à discuter ce point de fait impossible à vérifier, qu'exigez-vous de moi?

— Ah! fit madame Landa, vous le savez et je vous l'ai déjà dit; mais je veux bien vous le répéter encore, d'autant plus que je vous ai fait, sans aucune réserve, mon affreuse confession. Je suis l'objet d'une malédiction particulière. Veuve et âgée déjà de vingt-cinq ans, je n'ai jamais senti mon cœur battre. Je le sens très bien, c'est une eau de glace et une neige fondue qui coulent dans mes veines. Je suis une Galatée que rien ne réchauffera jamais, quand même on me jetterait toute vive dans un rouge brasier. Or, vous le savez, je suis la probité même; étant persuadée et certaine que je suis froide comme un lac gelé par le souffle de l'hiver, je n'ai laissé demander, ni espérer, ni désirer par personne un bien que je ne saurais donner, puisque je ne l'ai pas. Je n'ai jamais permis qu'on me fît la cour, ni subi et encouragé la moindre galanterie. Ainsi mon honneur est sauf et ma probité est satisfaite; mais ma curiosité ne l'est pas. Je suis condamnée à toujours ignorer l'amour; mais je voudrais du moins qu'on m'en fît connaître l'illusion et la comédie, et je compte sur vous pour me rendre ce service. Je vous demande, quoi? moins que rien. Vous savez toutes les scènes d'amour, tous les langages que parlent les amants, tous les serments, toutes les odes et toutes les palinodies. Vous savez par cœur Chérubin, Roméo, Faust, Rastignac et Lucien de Rubempré accommodés à la mode la plus récente, et naturellement, sans le vouloir, par le seul exercice de votre profession, vous avez appris la mise en scène, la diction, les attitudes, le costume, et enfin la tradition complète de tous ces rôles. Vous aurez l'extrême bonté de venir, pendant une huitaine, me courtiser tous les jours, de cinq à sept, et me montrer comment se réalisent sur la terre l'*Intermezzo* et *le Cantique des Cantiques*, lorsqu'ils sont interprétés par un excellent comédien.

— Non, madame, dit Paul Jacquis, je ne commettrai pas cette profanation, et je ne vous offrirai pas sciemment la parodie de ce qu'il y a de plus sacré au monde. Et cela, dans votre intérêt comme dans le mien; car une telle parade sacrilège ne risquerait-elle pas d'abaisser la spectatrice curieuse, aussi bien que l'infime acteur? Il y a toutes sortes de choses avec lesquelles il ne faut pas jouer. Le feu en est une, mais il en est une autre plus dévorante et plus redoutable encore : c'est l'Amour! Songez, madame, que parfois, pour abaisser notre orgueil, il se plaît à réaliser d'ironiques et absurdes miracles. Il est un archer, et parfois rencontrant sur son chemin une femme honnête, ou même froide, il se plaît à lui décocher une flèche en plein cœur. Vous êtes toute glace, et certes, nul plus que moi n'est indigne de fondre cette glace et de toucher votre âme soudainement ressuscitée, et de teindre en pourpre vive les pâles roses de vos lèvres. Mais enfin l'Amour fait tout ce qu'il veut; il peut, s'il lui plaît, jeter sur deux êtres imprudents un vertige de folie et d'oubli, et je frémis d'y penser, combien ne seriez-vous pas désolée et stupéfaite, si ce redoutable magicien vous infligeait l'humiliante conséquence d'un sentiment que vous ne sauriez éprouver?

— Quant à cela, dit Germaine en riant, il n'y a aucune crainte à concevoir, et Orphée lui-même, qui adoucissait les tigres et attendrissait les roches, n'aurait pas échauffé la neige des cimes. Je suis froide comme une macreuse, disait en son plus beau temps madame de Pompadour, et je pourrais renouveler et m'appliquer à moi-même ce mot sinistre. Mais enfin, j'ai tout prévu, et comme il ne faut jamais être pris sans vert, j'ai trouvé un procédé très simple et très élémentaire pour éviter ce que vous craignez. Tous les jours, après ce que nous pourrons nommer : *la séance*, et dès qu'elle sera terminée, après avoir fait résonner la musique des mots et des phrases, et vous être montré un parfait virtuose, vous m'adresserez une question, toujours la même. Vous me direz : Madame, n'avez-vous rien éprouvé ? — Je pense, je sais, je suis sûre que je pourrai toujours répondre négativement. Mais enfin, si le : non ! attendu faisait mine seulement d'être difficile à prononcer, il serait temps, comme disent les marchands, d'arrêter les frais, et je déserterais la comédie, suffisamment vue, comme un spectateur qui, au milieu de la soirée, quitte le théâtre, prêt à se défaire de sa contremarque en faveur de qui la voudra.

A ces discours ingénus, Paul Jacquis fit encore toutes les objections que pouvaient lui suggérer son bon sens et sa connaissance de la vie ; cependant il dut céder et obéir, parce que rien ne résiste au génie féminin, et, dès le lendemain, il entra en fonctions. Les femmes ont toujours raison de supposer qu'un homme se montrera bête, ou du moins naïf, et de tabler là-dessus ; toutefois, en cette circonstance, madame Germaine Landa jugea un peu trop sévèrement Jacquis, être délié, qui a de l'esprit autant qu'il nous est permis d'en avoir. La dame curieuse avait pensé que, selon ses prévisions, Paul interpréterait un jour Chérubin, un jour Roméo, et ainsi de suite. Elle se trouvait prête à donner régulièrement la réplique voulue ; mais ce fut la précaution inutile, car, habitué à suivre la Vie, toujours variée et diverse, sans la contrarier jamais, Jacquis ne préméditait rien, ne fit aucun scénario, ne joua n Rastignac ni Lucien de Rubempré, ni aucun autre personnage de convention, et resta lui-même. Il arrivait, ni gai ni triste, ni fatal ni souriant, mais prêt à devenir à l'instant même tout ce qu'il faudrait, pareil à un morceau de fraîche argile, dont il serait lui-même le statuaire. Grand lecteur de La Fontaine, qui sur ce point, comme sur beaucoup d'autres, a tout dit et enseigne qu'il faut donner des joyaux à l'impératrice d'Orient assise sur son trône d'or émaillé, constellé de pierreries, aussi bien qu'à Gothon menant ses vaches, tous les jours, autorisé par sa qualité officielle d'amoureux, il apportait à madame Landa un présent nouveau. C'étaient, ou des fleurs d'une rareté chimérique, venues de pays lointains, ou des joyaux choisis avec génie ; car, étant de pures œuvres d'art d'un prix ruineux et fastueux, ils devaient sembler n'avoir rien coûté et être éclos par hasard, comme des fleurs dans un chemin. En entrant, avec la plus miraculeuse intuition, rien qu'à la couleur des yeux et du visage de Germaine, Paul voyait dans quel état d'esprit elle était ; il devinait ce qu'elle désirait entendre dire et il le lui disait.

Il commençait par causer de n'importe quoi, légèrement, rapidement, et de façon à ne pas inquiéter son ennemie, puis, tout à coup, pareil à un oiseau qui, après une échappée dans les airs, revient vers sa proie, il saisissait ou créait le motif à allusions, le thème d'amour, et alors, drues comme grêle, faisait tomber sur madame Landa des louanges pressées et frémissantes qui lui mordaient la chair, comme des baisers. Mais, pour emprunter une image à Boileau, à tous ces beaux discours elle était comme une pierre, et chaque jour, après *la séance*, quand Paul Jacquis lui adressait, contraint et forcé, la phrase sacramentelle : N'avez-vous rien éprouvé ? elle pouvait répondre avec le calme d'une conscience pure et avec la plus déconcertante sérénité : Rien du tout !

— Ah! madame, dit un jour Jacquis, est-il un sort plus cruel et plus désespéré que le mien ? Depuis si longtemps je vous admirais en silence, je vous adorais, fou d'amour, je cachais avec soin ma dévorante passion, pour qu'elle ne vous offensât pas, et j'avais du moins la joie d'en savourer les amères délices. J'épuisais la volupté de vous dire de loin, tout bas, mes espoirs, mes désirs contre lesquels vous ne pouviez protester, et tout à coup, par ce jeu dont vous avez conçu la fatale idée, vous m'avez forcé à traîner devant vos regards moqueurs ma pensée déchevelée et nue, qui n'a même plus le droit de cacher son front en rougissant ! Vous m'avez contraint à être le comédien de mon propre martyre, si bien que, lorsque je tressaille devant vous et que, pour baiser l'ongle de votre petit doigt, je serais heureux d'expirer, meurtri dans les tortures, je dois avoir l'air de réciter une fiction, moi qui vois sur vos lèvres les roses du paradis, et dans vos yeux tout le ciel ! Ainsi, un éclair de vos yeux, un pli de vos lèvres me jettent dans des ravissements ou dans des douleurs ineffables, et, pris dans les réseaux du mensonge auquel vous m'avez condamné, je dois avoir l'air de feindre l'émotion qui me déchire, d'imiter ce qui est mon âme elle-même, et vous ne saurez jamais combien vous êtes follement aimée !

— Pardon, dit madame Landa, comme près d'être un peu émue, est-ce vous qui parlez ou si c'est toujours le comédien? car il me semble avoir vu dans vos yeux quelque chose qui ressemblait à une larme.

— Eh! madame, qu'en savons-nous, puisque nous en sommes réduits à ne plus distinguer le vrai du faux, à faire de la réalité une vaine fiction? Et quand même mon cœur se briserait, ne dois-je pas, comme tous les jours, vous dire avec la certitude, hélas! d'entendre votre désolante réponse : Madame, n'avez-vous...

— Non, non, dit madame Germaine Landa, laissons-là cette sotte phrase, dont la répétition, que j'ai moi-même exigée, me fatigue et m'ennuie. A demain, je me sens un peu lasse; ne me dites pas un mot de plus ; allez repasser notre répertoire d'amoureux, et étudier votre rôle.

D'ordinaire, pour recevoir Paul, madame Landa, qui voulait du moins égayer ses yeux et ne pas lui faire peur, se parait des robes les plus gaies et les plus frivoles. Mais au contraire, le lendemain de ce jour, elle était sévèrement costumée, emprisonnée dans une robe montante et sombre, et dès que Paul entra, elle lui dit :

— Décidément, mon ami, notre jeu est fini, et je vous donne congé. Je le vois bien, je ne changerai jamais, tant qu'entier le monde durera. Ma froideur c'est moi-même, et tout ce qu'on arriverait à faire de moi, c'est quelque chose de pareil au mets favori des Chinois : une glace frite! En parlant ainsi, Germaine se montra transfigurée. Les roses de ses joues étaient avivées, ses yeux brillaient comme des diamants clairs, et ses mains transparentes et blanches tremblaient un peu. Elle ajouta :

— Causons, pour employer votre dernière visite, mais qu'il ne soit plus question d'amour. Parlons de n'importe quoi. Tenez, par exemple, mettez-moi au courant de la politique.

— Madame, dit Paul Jacquis en s'asseyant à côté de Germaine, sur le petit sopha rose, monsieur Sarrien n'a pas été satisfait du vote de la Chambre, et, soyez juste, cela se comprend.

— Oui, murmura madame Landa, avec un profond soupir, cela se comprend!

— Enfin, ajouta Jacquis, il avait donné sa démission et sans doute il eût été suivi dans sa retraite par monsieur Sadi Carnot, ce qui eût peut-être disloqué le cabinet. Heureusement ces deux ministres sont revenus sur leur décision, à cause de la respectueuse affection qu'ils éprouvent pour monsieur de Freycinet.

— Freycinet! répéta madame Landa en laissant pencher vers Paul sa tête brune, sur laquelle s'abattit une avalanche de baisers.

Lorsqu'elle revint des pays imaginaires, qui seuls existent, madame Landa eut un charmant rire de pourpre et de dents blanches.

— Oui, dit-elle, en regardant Paul amoureusement, je m'étais trompée du tout au tout.

Et elle ajouta, avec un beau mouvement d'orgueil et de joie :

— Mais j'en suis bien aise !

XII

CHOU BLANC

Après vingt-cinq années d'absence, Pierre Barrudant revint à Paris, rapportant plusieurs millions, qu'il avait gagnés ou obtenus, à titre de pirate sur les mers, de marchand d'esclaves, de brigand dans les nouvelles Amériques, de croupier, de négociant sans probité, de dépositaire infidèle, de directeur de spectacle, dans des contrées où les Indiens, non attendus, envahissaient tout à coup la scène, et, séance tenante, scalpaient les acteurs. Il avait fait d'autres métiers encore, sur lesquels il est plus décent de ne pas insister, et notamment, dans les pays vierges, il avait tenu des maisons de jeu, où le consommateur trouvait pour rien tout ce qu'il pouvait désirer, et où le vin et le sang coulaient par terre, sans que personne y fît attention.

Géant aux larges épaules, coiffé d'une énorme tignasse noire, Barrudant avait un visage de terre cuite, où on ne distinguait plus bien les coups de sabre et les rides, des favoris noirs, des sourcils farouches et la bouche d'un ogre. D'ailleurs, correctement vêtu à la dernière mode, il portait bien ses habits, en homme qui a joué tous les personnages et à qui tous les travestissements sont familiers.

Le premier soin de Barrudant fut d'aller rendre visite à la célèbre Ursule Pignot. On sait quelle grande place a tenue cette étrange femme qui, à force d'avoir été une courtisane d'un ordre intense et supérieur, n'était même plus courtisane, et se bornait à diriger de loin et de haut le monde galant. Mais elle dirigeait bien d'autres choses encore, et tenait les queues d'innombrables poêles, car tous les grands hommes politiques de ce temps l'ont eue pour amie et pour complice, et c'est chez elle que, pendant longtemps, se sont fricotés les ministères, la paix, la guerre, et tout ce que les hommes avalent, sans savoir ce qu'ils mangent. Barrudant revit avec joie cette Egérie mêlée de Locuste, qui avait babillé sur les genoux de tous les conducteurs d'hommes, et pétri avec eux les monstruosités de l'histoire. Il l'admira, mince, réduite à rien, tout idéale, avec son visage d'une pâleur de nacre, qu'elle ne fardait plus, ses cheveux blonds lissés en bandeaux, ses lèvres de sphinge, et ses froides prunelles, où tout le passé tenait, comme dans les yeux d'une Isis éternelle.

— Oui, dit enfin Ursule, tu as été mon premier amant, et nous avons eu des amours féroces et tragiques, à l'âge où les autres enfants jouent encore à la poupée et au polichinelle. Tout de suite, nos diablesses d'âmes s'étaient reconnues, car, en ces temps romantiques, nous rêvions de servir Satan, de faire triompher la ruse et la cruauté sous la voûte des cieux ; mais plus tard, comme il a fallu en rabattre ! En effet, les impressions cérébrales qu'on se procure en violant les lois de la société et de la nature sont infiniment bornées. Le mal n'est pas beaucoup plus amusant à faire que le bien, et tout cela aboutit, en somme, à une série de lieux communs si usés, que le jeu n'en vaut pas la chandelle.

— A qui le dis-tu, fit Barrudant, et crois-tu que je ne m'en sois pas aperçu, dans ma vie de sauvage ? On n'a pas plus tôt fait quelques belles boucheries en pleine mer, vendu des tas de chair humaine, coupé des têtes inutiles, et bu des punchs au picrate, au milieu de femmes nues, de couleurs diverses, qu'on ne sait plus à quoi passer le temps. Toi, du moins, tu as connu le plaisir de mettre des bâtons dans les roues, de faire danser toutes les marionnettes et de voir les héros faisant des grâces, dans des poses ridicules.

— Ah! dit Ursule Pignot, j'en ai assez, de mes malices cousues avec du fil blanc et avec tous les autres fils, et j'ai terminé ma vie sur une déception telle que j'en reste assommée, comme une génisse sous la massue de fer du boucher. Tu me comprendras, toi qui es né avec le cœur plein de haine, j'avais rêvé de laisser après moi, de déchaîner sur le monde une femme charmeresse et terrible, savante comme un mage, animée de toutes les mauvaises passions, épouvantablement belle, méchante comme la gale, et qui fût à la fois une Sémiramis et une Circé. Pour cela, il fallait d'abord la trouver, enfant encore, douée d'une de ces étonnantes splendeurs qui laissent un siècle stupéfait, et ensuite l'élever moi-même, pour être sûre qu'elle serait aussi dépravée que moi.

En passant à Seyssins, près de Grenoble, je vis dans la rue une petite fille en haillons, si prodigieusement belle que j'en fus éblouie. Elle avait à peu près huit ans, et déjà ses traits étaient jolis, amusants, nouveaux, magnifiques. Ses yeux étaient de ceux pour qui l'on meurt; sa bouche, de celles qui ordonnent et qui semblent une caresse. Elle avait la démarche agile comme une fée, et ses cheveux châtains, frisés naturellement, inondaient son cou, déjà long et robuste. C'était la magicienne Lilith rêvée, la déesse-diablesse que je voulais faire éclore, et je m'en emparai comme d'une proie : ce ne fut pas difficile. Elle jouait devant la masure où demeuraient ses parents ; j'y entrai avec elle et je vis, dans la boue et dans l'ordure, au milieu d'un tas d'enfants, deux êtres sordides en guenilles ; le père, un ivrogne, la mère, une rouleuse.

Sans désemparer, j'achetai tout de suite Émilie Jeanselme ; je l'achetai, moyennant dix mille francs une fois payés, que je tirai de mon sac. Les parents, stupidement ravis, s'engagèrent à ne plus me réclamer rien ; ils promirent que je n'entendrais jamais parler d'eux, et ils ont tenu parole. J'amenai la petite à Paris, et sans retard je commençai son éducation ; je la vêtis de lampas, de brocarts brodés d'or et de perles, comme une infante ; je lui donnai des joyaux, je lui enseignai que tout devait lui appartenir, et, dans sa chambrette, elle marchait sur des tapis de velours blanc, jonchés de pétales de rose.

— Oui, dit Barrudant, tu as toujours été artiste.

— Cette fois-là, du moins, je le fus, dit Ursule Pignot. Je voulais fabriquer un monstre, et je n'épargnai rien pour cela. De jour en jour se développait chez Émilie une de ces beautés devant laquelle tous les êtres, devenus franchement idiots, s'agenouillent. Autour d'elle je multipliais les miroirs, et je l'habituais à avoir les plus ruineux caprices. Elle pouvait demander tout ce qui lui passait par la tête, des fleurs qu'on ne trouve pas, des robes couleur de lune, des bijoux barbares ; à trois heures du matin, dans le temps où la chasse n'est pas ouverte, une caille rôtie sur sa croustade, et le temps de parler, elle était servie. En même temps, pour qu'elle fût absolument redoutable, je l'armais de tous les arts et de toutes les sciences ; elle dansait comme une danseuse, elle avait appris à fond la composition musicale, et elle savait reconnaître un beau vers !

— Peste, dit Barrudant, tu n'y allais pas de main morte !

— Et, dit Ursule, je ne négligeai rien pour la démoraliser. Elle eut à sa disposition les plus mauvais livres, ceux qu'un honnête homme dans la force de l'âge ne lit qu'en tremblant, et sut ainsi tout ce qu'il ne faut pas savoir. Ah ! j'aurais dû avoir ces livres-là seulement ; mais on ne s'avise jamais de tout. Par manque de prévision, je n'eus pas le soin de supprimer *La Comédie Humaine*, de Balzac, et les poèmes de Victor Hugo. Sottement, je ne m'en avisai pas, et c'est de là que mon malheur est venu, car Émilie puisa secrètement chez ces génies la notion de l'idéal. Mais ce fut ma seule faute. Du matin au soir, l'enfant entendait les plus sagaces libertins et les drôlesses les plus superbes tenir des discours qui auraient fait dresser les cheveux des Anges. Elle assista, jeune fille à peine, à des orgies pareilles à celles des villes maudites, quand le ciel tremblait d'épouvante et d'horreur. Nullement froissée, ni indignée, ni étonnée, elle restait là, tranquille, ne disant rien ou peu de chose; mais lorsqu'elle parlait, c'était pour décocher un mot spirituel qui clouait son interlocuteur, comme une chauve-souris sur une porte. Son attitude était gracieuse et chaste; car en façonnant ma créature, j'avais voulu la garder réellement vierge et en apparence très pudique, afin que, possédant les armes offensives, elle fût en même temps revêtue d'une invincible armure.

C'est ainsi qu'Émilie Jeanselme atteignit l'âge de dix-sept ans. Elle était belle comme la tour d'ivoire, terrible comme la bête écarlate, superbe comme une armée rangée en bataille. Déjà, près de déchaîner ce fléau sur le monde, je me demandais quel cataclysme elle allait encore causer, quelle guerre elle susciterait, comme une Hélène, quel guerrier de fer elle allait dompter, quel fils de roi elle ferait descendre du trône, pour mener avec elle des vies de polichinelles ; et d'avance, je voyais tous les millionnaires célèbres, réduits à la plus vile misère par les soins d'Émilie, ramasser, pour vivre, des bouts de cigares entre les pavés, et de vieux clous dans les ruisseaux. Un jour, comme je remuais dans mon cerveau ces chères idées consolantes, Émilie Jeanselme, tranquille, coiffée en bandeaux, chastement vêtue d'une robe simple, entre dans ma chambre et, sans nulle préparation, me dit:

— Ursule, je me marie demain matin, à la mairie et à l'église, avec monsieur Jules Mariotte, fabricant de draps.

— Hein? m'écriai-je stupéfaite, comme si je fusse tombée d'une tour plus haute que la tour Eiffel projetée.

— Oui, reprit Émilie, grâce à toi j'ai appris tout, j'ai fait le tour de toutes les idées, et je n'ignore aucun document. J'ai pu me former cette conviction profonde que, pour une femme, toute existence est absurde, excepté celle d'honnête femme, et c'est celle que j'ai résolu de mener. Adieu donc, tâchons d'être heureuses toutes les deux, chacune à sa façon. Tu m'as vêtue d'étoffes lamées et brodées de perles, tu m'as fait marcher sur des roses, tu m'as nourrie de mets exquis servis dans des plats d'or, et cependant, je ne t'en veux pas.

Là-dessus, Émilie Jeanselme, splendide et souriante, sortit de chez moi. Je ne l'ai pas revue, et je pense bien que je ne la reverrai jamais.

— Sang et tonnerre! dit Barrudant, ces choses-là sont rudes!

— Oui, dit Ursule Pignot. Voici ce qui s'était passé. Chez moi, je ne recevais que des purs, de bandits gangrenés jusqu'aux moelles; mais sottement j'avais fait une seule exception. En effet, je recevais souvent mon avoué, Paul Guérinot, un imbécile d'honnête homme qui m'était fort utile, car, ainsi que tu peux le supposer, j'ai souvent maille à partir avec la justice et avec l'injustice. Ce don Quichotte s'intéressa passionnément à Émilie; il se jura de la sauver du vice, de lui trouver un mari, et il tint parole. C'est d'après ses récits que Mariotte devint amoureux d'Émilie Jeanselme, comme dans les contes de fées, sans l'avoir vue. Mais il ne tarda pas à la voir. Je laissais Émilie sortir seule, avec une femme de chambre, qui fut bientôt gagnée. Mariotte la vit aux Tuileries, d'abord, en présence de madame Guérinot et de sa sœur, jeune veuve, nommée madame Tholomié, et bientôt après, chez ces deux dames. Le mariage fut résolu; Émilie établit, à mon insu, son domicile légal chez madame Tholomié, et Guérinot se mit en rapport avec un de ses confrères de Grenoble, qui, moyennant une somme donnée à propos, obtint sans peine le consentement des parents de la jeune fille. Le trousseau et la corbeille furent achetés, les bancs furent publiés, et, comme je te l'ai dit, Émilie put s'en aller de chez moi, sans emporter autre chose que son mouchoir de poche.

— Et, dit Barrudant, qu'est, en somme, devenue cette merveille?

— Eh! dit Ursule, la plus adorée, la plus vénérée, la plus heureuse des femmes honnêtes. Mariotte, lorsqu'il l'épousa, était plusieurs fois millionnaire ; mais les hautes capacités de sa femme, son activité, son génie des affaires, sa beauté, qui éclate dans le quartier Saint-Martin comme une grenade ouverte, ont doublé le chiffre de leurs affaires. Émilie a quatre beaux enfants, rouges comme des pêches et forts comme des Turcs; elle fait des charités royales, et elle corrompt même les négociants, à qui elle joue, en grande musicienne qu'elle est, du Mozart et du Bach. Elle est bonne, aumônière, secourable à tous; enfin, il ne lui reste rien de moi. A la façon dont elle m'avait quittée, j'espérais lui avoir inculqué du moins l'ingratitude; mais cela n'était pas plus vrai que le reste. En effet, pour m'indemniser des dépenses qu'elle m'a occasionnées jadis, et dont elle était cependant innocente, Émilie Mariotte m'a fait remettre par Guérinot un coffre en argent ciselé, chef-d'œuvre de Vechte, contenant un chèque de cinq cent mille francs. Telles sont les couleuvres que j'ai récemment avalées. Et maintenant, mon cher Barrudant, déjeunes-tu avec moi?

— Merci, non, dit le pirate. Les seules nourritures que je puisse manger sont celles que me prépare ma cuisinière javanaise, une sorcière que j'ai rapportée des pays de serpents. Ce sont des mets de tonnerre et de flamme, qui depuis longtemps m'ont emporté la bouche et ne l'ont jamais rapportée.

XIII

INNOCENCE

— Eh bien ! mon cher Eugène, dit madame Roman, gracieusement assise dans l'herbe, puisque la calèche ne doit pas venir nous chercher avant une heure d'ici, et qu'il faut passer le temps, contez-nous quelque chose, par exemple un conte de fées.

— Oui, dit monsieur Roman, en faisant tomber la cendre de son cigare, mais un conte de fées *laïque*, c'est-à-dire dans lequel il n'y ait pas de fées. Car, dans le siècle des torpilleurs et de la lumière électrique, nous ne saurions admettre les superstitions abolies, ni rien qui suppose une impossible dérogation aux lois naturelles.

— Eh bien, dit Eugène Sirvaux, je m'efforcerai de vous servir ce civet sans lièvre. Le plus joli poète que j'ai connu fut assurément

Hugues Lussignol, quand il arriva à Paris, âgé alors de dix-neuf ans. Bien qu'il fût né dans le département de l'Allier, à Chevagnes, il avait une tête arabe exquise et fine, avec de grands yeux noyés de sultane ou de gazelle, une barbe si légère qu'elle semblait dessinée au pinceau, et une épaisse tignasse noire, ondulée comme la mer, qui lui eût bien servi pour jouer Scapin et Othello s'il eût été un comédien ; mais il était tout le contraire ! Comme Hugues était orphelin, sa tante la mercière, mademoiselle Minerot, qui toujours tricotait pour lui de bons bas de laine, lui avait conseillé d'aller à Paris, et d'y apprendre un métier. Cette brave fille s'engageait à servir à son neveu une rente annuelle de neuf cent soixante francs, qu'il touchait régulièrement, par trimestre, en l'étude de maître Cibiel, notaire, rue des Bons-Enfants. De fait, sa promesse fut parfaitement exécutée, ce qui permit à Hugues de vivre très à son aise, dans ce grand Paris, où les millionnaires sont si pauvres, mais où un jeune homme bercé par le chœur chantant et dansant des illusions peut assurément se tirer d'affaire avec quatre-vingts francs par mois.

Dans une vieille maison de la rue de Lancry, le jeune Lussignol occupait une chambrette ayant vue sur des petits jardins antiques et tristes, et aussi petite que celle où Michel-Ange griffonna sur une petite feuille de papier la première idée de son *Jugement dernier*. Mais elle était assez grande pour celui qui était censé l'habiter ; car il n'y séjournait presque pas. Afin d'étudier, il vivait dans les rues, dans les jardins, au milieu des Halles ; où les légumes, les poissons, les fruits, les coquillages, les fleurs offrent aux yeux de merveilleuses gammes de couleurs, et où on entend la voix murmurante, la vibration de la grande foule, pareille à celle de la mer. C'est là qu'il déjeunait assez habituellement, comme les forts et les hommes de peine, en insérant dans un morceau de pain fraîchement coupé l'andouillette ou la saucisse que la friteuse en plein vent fait frire avec un impeccable génie.

Sa tante Minerot lui avait recommandé d'apprendre un métier, et, en effet, il en apprenait un, mais le plus difficile de tous, qui est celui de rimeur. Certes, du temps où les ouvriers travaillaient encore de leurs doigts, ce n'était pas sans peine et sans efforts que se formait un bon compagnon serrurier ou menuisier ; mais je ne sais s'il n'est pas plus malaisé encore de devenir un très bon poète. Saisir rapidement un aspect de la nature ou de la vie ou de l'âme, trouver les mots décisifs qui doivent l'exprimer, et planter ces mots à leur place, en pleine lumière ; entre les deux à la consonnance pareille qui, au bout du vers, viendront se becqueter comme des colombes, imaginer un rapport nouveau, ingénieux et inattendu ; à leurs sons essentiels subordonner tous les autres dans une symphonie variée et vivante ; créer une harmonie à la fois plus précise et moins brutale que celle de la musique ; posséder tous les rhythmes connus, et, s'il le faut, en créer d'autres ; faire du Verbe un peintre, un statuaire, un délicat ciseleur d'arabesques ; enfin, emprisonner l'infini et exprimer l'inexprimable, tels sont les moindres problèmes que le rimeur doit résoudre, et assurément il ne faut pas être paresseux pour se livrer à ce genre de fainéantise.

C'est ce que faisait Hugues Lussignol ! Ne connaissant et ne voulant connaître âme qui vive, il ne parlait à personne ; mais, estimant avec raison qu'il faut toujours se fier à l'apparence (bien observée,) il regardait avec soin tous les êtres, et, avec son instinct ingénu, non dévié, devinait ce qui se passait dans leurs âmes. Errant et marchant comme un Basque, il regardait aussi la ville, les bois, les rivières, les paysages, et il peignait tout cela dans des vers, solides comme cette botte peinte sur une enseigne et que le lion peut déchirer, mais non pas découdre. Il composait des poèmes, des odes, des odelettes, des sonnets, des ballades, des rondels, et autres ouvrages, qu'il exécutait dans la divine perfection. Il étudiait aussi dans les livres; car il achetait les chefs-d'œuvre sur le parapet du quai, moyennant deux ou trois sous la pièce, n'ayant aucune raison pour se montrer avare. En outre, n'ayant pas d'autre ambition que la vraie, il se souciait de la renommée, de la célébrité et de la gloire, comme un éléphant d'une praline.

Un matin, assis devant une petite table de bois blanc, Hugues Lussignol mettait au net sa *Double Ballade des Filles sans dot*, lorsqu'on frappa à sa porte. Le poète cria : Entrez! Il vit alors paraître un robuste vieillard, à la face rasée et aux épais cheveux blancs hérissés, dont le visage montrait une lumineuse expression de bien-être et de joie.

— Monsieur, dit-il, je me nomme Enrico Bizzolara et je suis le propriétaire de cette maison, que j'habite, ainsi que vous.

— Quoi! dit Lussignol, en offrant un siège au visiteur, aurais-je oublié de payer mon terme?

— Au contraire, dit le vieillard, vous ne l'avez que trop payé; mais il n'en sera plus de même à l'avenir; je prétends vous loger gratis et j'espère que vous voudrez bien accepter cette modeste prime, en échange d'une grosse faveur que je viens solliciter de vous.

— Monsieur, dit Lussignol, à votre service.

— Je suis, dit Bizzolara, non seulement propriétaire, mais encore directeur de théâtre.

— Monsieur, dit Hugues, dans une intention évidemment conciliante, il n'y a pas de sot métier.

— Sans doute, fit le visiteur; mais il y en a de plus ou moins agréables. Si je gouverne aujourd'hui le théâtre des Furies-Colinette, j'ai commencé par être brigand dans les Abruzzes, profession qui me convenait infiniment plus. Il m'était doux de dormir dans les cavernes, sur les genoux d'une femme cuivrée, d'être vêtu d'un costume pittoresque, et d'arrêter les diligences; mais à présent qu'il reste si peu de diligences, mon état devenait une sinécure. Aussi ai-je dû me créer une autre situation, mais je ne m'en plains pas. Dans ma salle, qui ne saurait désemplir, j'ai gagné déjà des millions; le public s'écrase à mes portes, et la presse me porte aux nues. Mes enfants, dont j'ai malheureusement perdu la mère, sont tous établis ou mariés; je vis au milieu d'un harem dont toutes les femmes me courtisent, et, pour faire à la monogamie une insignifiante concession, j'ai une jeune maîtresse, jolie comme un cœur, stupide et très caressante, qui me trompe avec une fidélité exemplaire. J'ai les plus beaux tapis d'Orient, des meubles rares de tous les âges, on mange chez moi des mets délicieux, fricotés par une cuisinière scélérate et couverte de crimes, mais qui sait faire les sauces, les coulis et les jus. Enfin, j'ai pu satisfaire tous mes caprices, sauf un seul, et c'est ce qui m'amène chez vous. Je voudrais me passer la vertigineuse fantaisie de jouer une opérette, bête comme toutes celles que j'accepte, mais où les morceaux à chanter seraient écrits en vers excellents. Qu'en pensez-vous?

— Mais, dit Lussignol, je n'en pense absolument rien. Je ne suis jamais allé à la comédie, et j'espère bien n'y aller jamais.

— Comme vous avez raison! dit Bizzolara; mais cette sage résolution ne vous empêche nullement de m'aider à atteindre le résultat que je me propose. J'ai sous la main tous les éléments nécessaires. J'ai le musicien, Rodolphe Kihm, être vraiment inspiré, qui, imbu des idées modernes, respecte la poésie qu'il interprète, ne se livre pas à d'assommantes redites et, d'ailleurs, ne répugne aucunement à composer des chefs-d'œuvre. Quant à la pièce, intitulée : *La Reine Sapajou*, elle est formellement stupide, et, comme toutes les autres pièces que je joue, elle a pour auteur Forgelot. Pour emprunter une expression au regretté Saint-Victor, ce bipède écrit comme un sabotier, mais il a l'oreille du public, et, à la façon dont il martyrise cette oreille, on voit bien qu'elle lui appartient, en effet. J'ai tout ce qu'il me faut, excepté la poésie. Je viens donc vous la demander, puisque vous êtes, parmi les jeunes gens, le meilleur de tous les ouvriers du vers.

— Mais, dit vivement Lussignol, je n'ai jamais récité de vers à personne, si ce n'est au vent qui passe et, de quatre à six, au tumulte des tramways et des fiacres, exécutant leur infernal tintamarre. Qui donc a pu vous dire que je fais les vers si bien que ça?

— Ah! dit Bizzolara, c'est Rose Lupin, la fille de ma portière. Elle s'y connaît comme un expert de profession, et voici pourquoi. Il y a de cela une dizaine d'années, un de mes locataires, qui ne pouvait payer ses termes et qui connaissait mal mon cœur, crut devoir s'en aller, en abandonnant tout ce qu'il possédait. Entre autres choses, il y avait dans ce butin les œuvres de Victor Hugo. Vous comprenez qu'elles ne pouvaient m'être utiles à rien. J'en fis cadeau à ma portière qui, elle-même, les donna à sa fille, alors âgée de sept ans. Cette petite a appris à lire là-dedans, n'a jamais eu que cela pour s'amuser, n'a jamais lu autre chose, et ne connaît ni les fables de Florian, ni d'autres balivernes. Aussi est-elle de première force en poésie, et, puisqu'elle vous juge un rimeur excellent, c'est que vous l'êtes. Voulez-vous me faire mes vers?

— Mais, dit Lussignol, je ne serai pas forcé de lire la pièce?

— Pas du tout, dit Bizzolara. Il serait dangereux, et même inutile, que vous la lussiez. Je vous en ai apporté une courte analyse, que voici. Elle a huit lignes, et elle est encore trop longue, car, ainsi que vous le comprenez bien, le prince Florizel et la reine Sapajou peuvent dire tout ce qu'ils voudront, pourvu que ce soit beau et poétique, et je m'en moque avec extase. Quand puis-je venir chercher votre petit travail?

— Mais, dit Lussignol, tout à l'heure, tout de suite, quand vous voudrez ; par exemple, ce soir, avant dîner.

Le poète fut prêt à l'heure dite; il avait composé les chansons, les avait mises au net, et avait encore eu de reste beaucoup de temps, qu'il avait employé à lire *Les Orientales*. Beaucoup de temps s'écoula ; les années se passèrent ; le rimeur Hugues songeait parfois qu'il était excessif de se faire loger gratis, pour avoir travaillé si peu. Il continuait à composer des ballades et des rondels ; quant aux vers écrits pour Bizzolara, il ne se demanda jamais ce qu'ils étaient devenus.

Voici ce qu'ils étaient devenus. On avait joué la pièce de Forgelot, qui avait obtenu un succès insensé, extravagant, furieux. Pendant plus de cinq ans, on voulut en vain, de temps en temps, la retirer de l'affiche, car elle faisait toujours *huit mille*. Et ni la province, ni l'Australie, ni les Amériques ne voulaient entendre une autre comédie. C'est alors que le poète rencontra son directeur, pour la première fois, depuis si longtemps.

— Eh bien! lui dit Bizzolara, vous devez être content de vos droits d'auteur !

— Pardon, fit Lussignol, qu'appelez-vous des *droits d'auteur?*

Le directeur expliqua rapidement au poète les changements survenus depuis le temps où les comédiens payaient six cents livres une comédie de Corneille, et l'heureuse révolution accomplie par Beaumarchais et par monsieur Scribe. Enfin, il conduisit lui-même chez monsieur Gustave Roger le poète stupéfait qui, après quelques formalités indispensables, toucha le montant de ses droits d'auteur, s'élevant à la somme de quatre cent mille francs:

Muni de ces fonds, Lussignol, qui venait d'apprendre la mort de sa tante Minerot, et n'avait plus nulle attache au monde, partit pour sa promenade à pied à travers la France. Arrivé à Chenove, près de Dijon, il vit une hôtellerie fleurie, ensoleillée, couverte d'une belle treille, avec une cour ouverte, pleine de chariots. L'hôtelier, à longue barbe blanche, pareil à un roi, était attablé et vidait un grand pot de vin. Devant la maison, sa fille Margot, belle comme le jour, écossait des pois.

— Ah! se dit-elle à elle-même, si un jeune homme beau comme celui-là m'aimait et voulait de moi!

Hugues était si innocent qu'il comprenait les regards des femmes, aussi bien que le chant des oiseaux. Après avoir fait à Margot un signe qui voulait dire : Oui, il entra dans le cabaret, demanda au vieux buveur la main de sa fille, et, après avoir montré ses quatre cent mille francs, l'obtint. Toutes les propriétés qui avoisinaient l'hôtel étaient à vendre, leur propriétaire, un député, les ayant mangées à Paris avec de jeunes demoiselles. Par le conseil de son beau-père, Lussignol les acheta et s'occupa à être heureux avec sa femme. Quelques années plus tard encore, quatre beaux enfants, robustes et chevelus, jouaient autour d'eux. Comme jadis Rose Lupin, en faisant le ménage du poète, madame Margot, en rangeant sa légère valise, avait trouvé les vers manuscrits, et ils étaient si beaux qu'elle les comprenait. Un jour, qu'à sa prière, Hugues lui lisait ses rondels, au milieu des petits, joyeux et mangeant des pommes aussi rouges que leurs joues, un voisin de campagne, le vicomte de Maugard, qui vint à passer par là avec ses chiens, entendit quelques-uns de ces courts poèmes.

— Mais, dit-il, voilà des vers admirables. Il faudrait les imprimer et en faire un livre.

Hugues Lussignol regarda avec amour ses beaux petits et sa femme aux lèvres vermeilles, dont les yeux ressemblaient à des escarboucles.

— A quoi bon? dit-il.

XIV

POSITIVISME

Lorsque, annoncée par le valet de chambre, madame Jeanne Richerie entra dans son cabinet, le député Nestor Plazolles, bien que né dans le Midi le plus brûlé et le plus semblable à de l'amadou, fut assez Parisien pour ne pas dire à la charmante visiteuse : Madame, à quoi dois-je l'honneur de votre visite ? — Au contraire, montrant le sourire énigmatique de l'homme à qui on va demander un bureau de tabac, il attendit respectueusement, en silence, comme c'était son devoir absolu.

— Cher monsieur, dit madame Richerie, je viens tout de suite au fait. Comme vous ne l'ignorez pas, je suis la meilleure amie d'Ernestine Paget. Mère de deux enfants déjà, elle n'a cependant pas plus de dix-neuf ans. Or, moi qui en ai vingt-cinq bien sonnés et qui suis veuve, c'est-à-dire forcée de savoir la vie, je dois la protéger contre les événements absurdes. Je viens donc ici pour visiter la *machinerie*, et pour faire, comme on dit à l'Opéra, une répétition de décors. Et tout d'abord montrez-moi l'introuvable cachette et l'escalier dérobé.

— Mais, madame, il n'y en a pas ici, dit ingénument Plazolles.

— Allons, dit madame Richerie, vous vous moquez de ma crédulité, et il est impossible que vous n'ayez pas songé à ces choses essentielles. Ernestine est jolie comme un cœur; elle a un nez amusant et spirituel, des yeux pensifs et cependant très gais, des lèvres de cerise, une oreille façonnée en élégante coquille marine, des cheveux soyeux relevés sans nul artifice, comme dans un dessin de Watteau, et avec cela, une svelte allure de petite princesse travestie en bergère. Cela, tout le monde s'en est aperçu; mais vous, certainement, vous vous en êtes aperçu d'une façon toute personnelle et particulière.

— Il est certain, dit Plazolles, que je professe pour la beauté de votre amie l'admiration la plus respectueuse.

— Allons! dit madame Richerie, vous tenez à Ernestine, dans les coins, les discours les plus troublants, et vous la regardez avec des yeux allumés comme des chandelles. Or, monsieur, quand un affamé contemple un perdreau rôti à point, et bien servi sur sa croustade, ce n'est pas pour le faire encadrer. C'est pourquoi, je vous le répète, montrez-moi l'escalier dérobé comme par le plus habile prestidigitateur, et la cachette invisible, qui a dû être ménagée de façon à tromper, non seulement un architecte, ce qui ne serait rien, mais un voleur de profession. Et, pendant que nous y sommes, faites-moi voir aussi la *costumerie* et la *perruquerie*, installées, je n'en doute pas, de façon à permettre les déguisements les plus immédiats. Car, tout cela pourra être indispensable la première fois qu'Ernestine Paget viendra ici.

— Mais, madame, dit Plazolles, il est extrêmement probable qu'elle n'y viendra jamais. Nous n'en sommes, elle et moi, qu'à la plus tendre et à la plus pure amitié.

— Eh! dit madame Richerie, laissons là ces balivernes! Lorsque deux voyageurs sont montés dans le train de Marseille, ils ont beau n'être encore arrivés qu'à Villeneuve-Saint-Georges, il est évident que, si les choses suivent leur cours, ils seront, au bout de vingt-quatre heures, à Marseille. Oui, à moins que je ne me mette en travers, ce que je ferai, si je le puis,

Ernestine viendra chez vous, hélas! n'en doutez pas, et je la vois déjà rajustant ses beaux cheveux devant le miroir que voici.

— Pour cela, dit Plazolles, il faudrait d'abord que j'eusse l'heureuse fortune de lui plaire.

— Vous ne lui plairez que trop, dit madame Richerie, car vous lui servez déjà tous les lieux communs de l'amour, accommodés à la sauce la plus ordinairement usitée, et vous lui faites savourer un *Intermezzo* bourgeois, mis à la portée des femmes du monde. Et comment le mari, Edmond Paget, pourrait-il lutter avec vous? Il est plus jeune que vous, et plus beau assurément, et, permettez-moi d'en faire l'aveu, plus spirituel. Il adore sa femme, lui est fidèle de corps et de pensée, l'embrasse comme du pain, toutes les fois qu'il a une seconde à lui, et lui fait des enfants, comme c'est son bonheur et son devoir. Mais enfin, c'est un avocat très occupé, qui lit les dossiers et travaille ses causes. Il peine du matin au soir, comme un nègre casseur de cailloux, pour acheter des robes à sa femme, des culottes à ses petits, et le pot-au-feu pour tout le monde. Vous, au contraire, vous exercez la profession de député. Vous n'avez rien à faire, si ce n'est d'inaugurer une politique progressive, et d'équilibrer le budget. Aussi vous reste-t-il beaucoup de temps pour choisir des cravates à sensation, pour combiner des gilets tragiques, et pour obéir à votre vocation de jeune premier. Car, jeune premier, vous l'êtes de la tête aux pieds, et jusque dans les moelles. Vous jouez du piano, vous avez l'opéra-comique dans le cœur, et personne ne serait étonné si on vous voyait chaussé de bottes molles.

— Mais, dit Plazolles, les amours, dans la vie d'une jolie femme, ne sont pas toujours nécessairement des désastres...

— Accouchez, dit madame Richerie. Vous avez sur le bout des lèvres une grosse insolence; dites-la donc, ou plutôt je vais l'articuler pour vous. Il vous plaît de croire que, même au temps où je n'étais pas veuve, je n'ai pas toujours été irréprochable; or, sachez-le bien, rien ne vous autorise à accueillir une telle hypothèse. Mais enfin, mettons qu'elle soit vraie, car je veux vous faire la partie belle. Eh bien! monsieur le député, que pourriez-vous en conclure? Je suis, moi, une bonne commère gauloise, très futée, très affinée, ayant bec et ongles, pleine de bon sens et de malice, très capable, si je le voulais, de duper et de dompter tous les hommes, depuis Adam jusqu'au prince de Bismarck; ce qui, en dépit de vos bienveillantes suppositions, ne m'empêche pas d'être honnête. Au contraire, ma pauvre petite amie est encore innocente comme une oie, et bête comme un lys! Elle viendra ici, et comme elle n'y trouvera, selon votre propre aveu, ni costumes et perruques pour se travestir, ni cachette pour se cacher, ni escalier dérobé pour s'enfuir, alors...

— Alors quoi? dit Plazolles.

— Voyez la scène! dit madame Richerie. Vous n'avez pas ouvert, mais on a brisé la porte. Alors voici, faisant irruption dans la chambre, le mari, le commissaire, les témoins, la portière, Erinnye hideuse et chauve, qui les a suivis pour rien, pour le plaisir; de plus, ces figurants, qui partout figurent, parce que c'est leur destinée; et vous qui, au milieu d'eux, insulté, dévêtu et défrisé, faites une assez triste figure. Mais vous, ce n'est rien! Ce qu'il faut voir, c'est la pauvre petite Ernestine, pour jamais avilie et dégradée, piteusement assise sur quelque chaise, repassant avec ses petites mains sa chemise fripée et, devant tout ce monde-là, remettant ses bas! Il se peut même que le tire-bouton ait été oublié, car tout arrive, et que la malheureuse ne puisse pas attacher ses bottines! Cependant, vous souriez finement, et je vois l'ombre de vos pensées. Vous vous dites qu'on n'est pas forcé de recevoir sa maîtresse dans son *home*. En effet, vous pouvez salement l'embrasser sur les meubles de son mari, ou la traîner dans des maisons meublées, où il y a, ô horreur! horreur! horreur! des gravures à la manière noire, représentant Poniatowski, et des canapés en damas de laine rouge, souillés de taches diverses. Là, pour rattacher ses cheveux, elle prendra, ne trouvant pas les siennes, de banales épingles à cheveux, traînant dans une coupe de bazar en verre coulé; elle lavera ses mains dans une cuvette en terre de pipe où auront été lavées récemment des mains de prostituée, et, en parlant d'elle, le maître de la maison, homme à bonnet grec et à bretelles brodées, dira : la petite!

— Oh! madame! dit Plazolles, vraiment suffoqué.

— Bien! dit madame Richerie, vous voulez que j'écarte ces horribles images. Je les écarte. Je passe sur *la scène à faire*, je ne la fais pas, et j'arrive au dénouement brutal. Il y a aujourd'hui trop de journaux pour que madame Plazolles ne soit pas rapidement édifiée sur votre existence de polichinelle. Car il y a une madame Plazolles, bonne, charmante, digne d'avoir un mari moins nihiliste que vous, et deux tout petits Plazolles, qui ne songent pas encore à la politique. Vous avez laissé ce riant groupe dans votre contrée méridionale ; et là, bien qu'elle s'occupe à des charités et à des bonnes œuvres sans nombre, votre femme avale sa langue. Car s'il est doux, pour une créature d'élite, d'accomplir les devoirs même rebutants, en revanche, panser des plaies dégoûtantes, porter des bouillons à domicile, torcher, laver, peigner et culotter ses petits ne comporte aucune volupté. Or, à la suite de vos équipées fantaisistes, que deviendra madame Plazolles?

— Eh! madame, dit le député, vous êtes comme le temps même où nous vivons, entachée de pessimisme. Tous les jours on est l'amant d'une femme mariée, et il n'arrive absolument rien.

— En effet, dit madame Richerie, il n'arrivera rien — que ce qui arrive. Si l'on est seulement riche comme un Rothschild, intrigant comme Scapin, savant comme Pic de la Mirandole, on peut faire pas mal de choses sur la terre. Mais vous autres politiques, toujours occupés à tourner votre cage d'écureuil et ivres de mots abstraits, vous avez le tort de ne jamais songer à la question économique. Je suppose le divorce prononcé, et il le sera. Les biens de votre femme (qu'il faudra lui rendre) et les vôtres représentent en tout vingt mille francs de rente.

Or, vous étant laissé prendre sottement, comme un oiseau au trébuchet, vous ne pourrez pas épouser votre jolie complice ; ne serez-vous pas réduits à la noire misère? J'aime à le croire, vous ne voudrez pas que l'argent de madame Paget entre dans votre faux ménage ; aussi je vois déjà ma pauvre Ernestine portant des robes de laine raccommodées avec des reprises, et mangeant des biftecks grillés sur la pincette, par une cuisinière inhabile. Avec quoi la nourrirez-vous et avec quoi l'amuserez-vous? Vous voudrez gagner de l'argent ; mais à quoi? Car je pense que vous n'irez pas donner en ville des séances parlementaires. Sans doute aussi, vous ne montrerez pas les Pupazzi, comme Lemercier de Neuville, ne possédant ni le don de sculpter le bois, ni la verve ironique et lyrique d'un moderne Aristophane.

— Enfin, madame, dit Plazolles, qu'exigez-vous de moi pour votre amie, et que me demandez-vous en son nom?

— Mais, dit madame Richerie, je désire que vous lui donniez, accordiez et décerniez la paix. Vous voyez que j'emploie les euphémismes les plus adoucis, et vous devinez ce que ma phrase acquerrait d'intensité, si elle était traduite en langue documentaire, par un écrivain naturaliste.

— Eh bien! dit Plazolles, en s'avançant vers madame Richerie, la gueule enfarinée, puisque vous mettez à néant mes plus chères espérances, me permettrez-vous du moins...

— Quoi? dit madame Richerie très sèchement, et avec un regard glacé.

— De... vous baiser la main? fit le député, interloqué.

— Ni la main ni autre chose, dit la jolie Parisienne, en se levant pour partir. Aboli dans l'armée par les nouvelles lois militaires, le remplacement est interdit également dans la galanterie, par les suprêmes lois du bon sens. L'amour est une conscription où chacun doit être appelé et paraître individuellement, à ses risques et périls.

XV

MANETTE

Avec sa grande comédie en vers : *L'Infante*, représentée au Théâtre-Français, le poète Théophile Desiry remporta un tel triomphe que, depuis bien longtemps, on n'en avait pas connu de pareil. Dès le jour qui suivit cette soirée mémorable, le jeune écrivain rayonna en pleine gloire. Tous les théâtres lui demandèrent des pièces, toutes les Revues lui envoyèrent des traités en blanc, qu'il n'avait qu'à remplir, et les éditeurs, les directeurs de journaux foisonnaient dans son antichambre et dans son salon, comme les fleurs de mai dans un parterre. Il n'eût tenu qu'à Desiry de se croire très grand et de se regarder au miroir en essayant sur sa tête brune un chapeau de lauriers. Mais, au contraire, le rimeur n'était pas plus rassuré qu'il ne le faut, lorsqu'après une semaine à peine écoulée, il s'arrêta sur le boulevard Montparnasse, à la porte de son ami, le vieux peintre Faugeron.

L'atelier est, comme on le sait, situé au rez-de-chaussée. En entrant dans cet endroit vaste, chaud, intime, bien ordonné, où on se sent dans l'âme un calme bien-être, Théophile Desiry vit avec un lâche plaisir que le maître n'y était pas encore, et qu'il aurait quelques instants à lui pour se remettre. Après être sorti un instant, le valet de chambre revint et, sur une table du temps de François Premier, autour de laquelle s'enfuyait une danse de Nymphes et de Faunesses, dressa un couvert pour deux personnes. Puis il y plaça une bouteille de vin vieux, un jambon entamé, rougissant comme une rose, et de très beaux fruits. Cependant le poète regardait, sur les lourds chevalets, les deux grands tableaux auxquels Faugeron travaillait à la fois à ce moment-là. L'un représentait Hélène de Sparte, grande, divine, superbe avec son calme visage d'astre, marchant au clair de lune dans la campagne de Troie, au bord du Simoïs, roulant ses flots empourprés de tout le sang versé pour elle. L'autre toile montrait, sous le soleil irrité et furieux, une figure de grandeur naturelle, un casseur de cailloux au visage hideux, farouche, résigné, aux bras maigres et terribles, accomplissant sa besogne, tandis que, non loin de lui, des oies errantes sur la route se baignaient délicieusement dans la lumière.

Comme le poète admirait ces œuvres, aussi vraies, aussi poignantes, aussi palpitantes de vie l'une que l'autre, Faugeron entra, vieillard de soixante-dix ans, vigoureux, géant, robuste comme un chêne, avec des yeux d'un bleu très sombre, admirables de bonté, d'énergie et de bravoure, et avec une barbe de neige, plus soyeuse et douce que les plus doux cheveux de femme, tombant sur sa veste de matelot jusqu'à la ceinture. Il marcha vers le jeune poète et lui serra les mains avec la plus tendre effusion.

— Mon cher enfant, lui dit-il, personne plus que moi n'a été heureux de votre bonheur. Mais j'aurai le temps de vous le dire, car vous déjeunez avec moi. Et, tenez, mettons-nous à table. Voici ma vieille Glaude qui apporte les côtelettes.

En effet, précédée par le valet de chambre chargé des assiettes brûlantes, Glaude, la vieille moulinoise, au visage couleur d'ocre, comme une terre sèche, propre sous sa coiffe blanche, ridée et striée en mille façons, comme si un aqua-fortiste, armé d'une pointe agile, eût exécuté sur sa peau un travail de traits et de hachures ; Glaude, qui sait cuire la viande et faire les jus, venait de poser sur un réchaud le plat où saignaient les côtelettes. Elles furent mangées avec le respect dont elles étaient dignes ; c'étaient des côtelettes coupées à la vieille mode, rôties sur le gril au-dessus des charbons ardents et roses, dans l'âtre de la cuisine. Puis le vieil artiste et son jeune ami, après avoir bu un grand coup de vin, mangèrent quelques tranches du succulent jambon fumé, cuit dans la maison. Leur faim était apaisée ; jusque-là, ils avaient causé de choses et d'autres, par mots rapides ; mais alors, tout en regardant les belles poires et les grains de raisin où brille un diamant d'or, Théophile Desiry tremblait un peu. Il voyait venir le moment fatal, et, à son insu même, il ne se sentait pas la conscience bien nette.

— Eh bien, mon cher enfant, dit le vieux Faugeron, en élevant son verre empli du vin irréprochable, buvons à votre santé. Bien sincèrement et cordialement, je vous félicite de votre succès.

— Du succès seulement ? dit le poète anxieux.

— Oui, dit Faugeron, mais qu'importe ? je ne connais que les tubes et les brosses. Je suis un vieux bonhomme, occupé à chercher des effets de peinture que les initiés seuls peuvent comprendre (et encore pas toujours!) mais en fait de rimes, je suis n'importe qui, le premier venu, un monsieur qui passe.

— Hélas! dit Desiry, cette fin de non-recevoir ne me console pas, au contraire. Comme les maîtres du seizième siècle, vous pourriez bâtir des palais et des cathédrales, fortifier des villes, construire des aqueducs, ciseler des joyaux, modeler et fondre des colosses, et même, si vous en aviez le caprice, écrire des sonnets, comme Michel-Ange. Aucun des arts ne vous est étranger, et qui sait bien l'un d'eux les sait tous; car tous les arts sont similaires! Ne le niez pas, c'est vous qui me l'avez enseigné. Hélas! ma comédie ne vous a pas satisfait, je le vois bien. Mais que fallait-il donc faire?

— Mais, tonnerre du diable! dit Faugeron, pourquoi voulez-vous me forcer à dire la vérité? La Vérité est une déesse incommode, toujours ruisselante d'eau; elle n'est bonne qu'à gâter les meubles et à mouiller les tapis. Elle sort d'un puits et elle est nue. Son premier devoir est d'aller se sécher et mettre une chemise.

Comme le vieux peintre parlait ainsi, entra dans l'atelier une jeune fille grande, admirablement belle, très pâle, coiffée de lourds cheveux d'un châtain doré, relevés sans nul apprêt.

Sans rien dire, elle fit à Faugeron un signe respectueux et familier, ayant l'air, nullement d'une maîtresse qu'elle n'était pas, mais d'une collaboratrice dévouée et d'une humble amie.

C'était la célèbre Manette qui, grâce à son prodigieux instinct, vous donnera à l'instant l'illusion de Salammbô ou de la magicienne Médée, mais qui, au contraire, en ce qui la concerne personnellement, appartient au modernisme le plus exalté. Sans occuper d'elle, Manette se promena dans l'atelier, puis, ayant vu des brosses dont la toilette n'avait pas été faite, se mit à les laver avec du savon noir. Cependant Desiry, très ému, répondit au grand artiste :

— Cher maître, dit-il, quels sont donc mes torts? Vous me l'avez appris vous-même par vos discours et par votre exemple, sans déserter jamais les plus hautes régions de la pensée, le bon ouvrier doit travailler de façon à contenter les juges les plus délicats, et en même temps occuper et émouvoir le public; car ne sont-elles pas absurdes, ces petites écoles, composées de trois ou quatre soi-disant raffinés, qui s'éblouissent à contempler leurs nombrils réciproques? Il me semblait pourtant que j'avais à peu près réalisé tout ce que vous voulez.

— Oui, dit Faugeron, et c'est précisément

cet à peu près qui me fâche. Vous avez été très près, trop près de la perfection, mais trop loin de la vie! Les femmes ont pleuré et souri, le public vous a applaudi à tour de bras, les délicats vous ont loué, la presse vous a célébré à l'unanimité, hélas! Mais il vous a manqué l'évidente pierre de touche, la seule consécration qui ne trompe pas, la seule sérieuse promesse du laurier, la seule louange qui, en vérité, soit bonne.

— Mais, dit Théophile Desiry épouvanté, qu'est-ce donc?

— C'est, dit Faugeron, LA HAINE DES IMBÉCILES. Elle seule ne ment pas, ne s'égare pas, va toujours droit à son but et reste semblable à elle-même; et si vous ne l'avez pas, vous n'avez rien. Tout le reste peut n'être qu'apparence, mensonge, illusion. Il se peut que les femmes soient charmées, parce qu'il souffle ce soir-là un vent de printemps, et que les hommes soient ivres de joie, parce que cette comédienne a un nez en trompette. Les demi-artistes peuvent être entraînés par un simulacre de perfection, et les gens timides par les tonnerres de la claque. Il se peut que la presse vous loue, parce qu'en somme votre talent est très honorable, parce que vous êtes un compagnon aimable, un galant homme, poli et serviable, très correct dans votre vie, et que vous n'avez jamais fait de mal à personne. Mais LA HAINE DES IMBÉCILES est comme le Paradis ; vous ne l'obtiendrez pas, si vous ne l'avez pas cent fois gagnée, en pensées, en paroles et en actions. Remarquez bien qu'elle ne s'apaise jamais ! Au sujet de la peinture, j'aurais beaucoup de choses à vous dire ; mais pour m'en tenir à la poésie, voyez qu'après les temps révolus elle ne pardonne ni à Homère, ni à Eschyle, ni à Aristophane, ni à Corneille, ni à La Fontaine, ni à Lamartine, ni à Hugo, et elle est acharnée contre eux, comme au premier jour.

— Hélas ! c'est vrai, dit Théophile, mais comment la mériter ?

— Mon enfant, dit le peintre, si vous voulez vous souvenir que vous aviez en vous une étincelle de génie, c'est bien simple. Il faut vous résigner à être partout un exilé, un lépreux, un homme égaré au milieu d'une conspiration dont il ne fait pas partie. Il faut vous contenter des salaires misérables, regarder d'un œil calme les triomphes absurdes, vous habituer, quand vous rimez bien, à être traité comme si vous aviez volé des couverts d'argent, et enfin, avaler toutes les couleuvres, comme si c'étaient des verres de château-yquem.

— Ah ! dit le poète, n'est-ce pas bien cruel ?

— Si vous trouvez ça trop cruel, n'en parlons

plus, dit Faugeron. Il y a de cela une quarantaine d'années, un dandy, alors célèbre, avait attrapé la gale, qu'on ne guérissait pas alors aussi facilement qu'aujourd'hui. Il alla consulter le docteur Ricord, et lui dit : Mais, monsieur, si le traitement m'ennuie trop, que devrai-je faire? — Dans ce cas-là, dit Ricord, je vous conseille de vous gratter ; parce que si je ne vous le conseillais pas, vous vous gratteriez tout de même.

Comme Desiry, un peu honteux, baissait la tête, le vieux Faugeron appela le modèle qui, à ce moment-là, rangeait des gravures dans un carton.

— Et toi, petite, dit-il, as-tu vu la pièce de monsieur Desiry?

— Oui, monsieur, dit Manette, et c'est même la seule fois de ma vie que j'aie assisté à une première représentation ; mais j'avais envie de montrer ma robe neuve. A ce que m'a dit un grand décadent, c'est une robe d'un violet rouge, refroidi par une pointe d'un bleu mystérieux, et dans lequel il y a quelque chose comme une flamme, qui serait une rose.

— Tonnerre! dit Faugeron, ces bougres-là sont bien heureux de peindre avec des mots, et ils en prennent à leur aise! Mais, dis-moi, t'es-tu amusée?

16.

— Beaucoup, dit Manette, il y a très longtemps que j'avais le désir de voir monsieur Sarcey, et je l'ai vu.

— Mais la pièce, dit le peintre, la pièce?

— Ah! dit Manette, la pièce. Ma foi, ça m'a paru bête comme Raphaël.

— Mon enfant, dit Faugeron au poète, ne faites pas attention. Elle est impressioniste.

XVI

PESSIMISME

Parti de Barbizon depuis une heure déjà, le paysagiste Eustache Burel marchait dans la forêt, gai, la pipe aux dents, et chargé comme un bœuf. En effet, il portait non seulement le parapluie, le chevalet, le pliant, tout l'attirail du peintre, mais encore une gibecière pleine des plus réjouissantes victuailles. Car, en ayant fini pour son compte avec la pauvreté, il se plaisait à offrir des festins à ceux de ses confrères moins heureux que lui qu'il rencontrait dans les paysages romantiques du Bas-Bréau ou de la Mare-aux-Fées.

Tout Paris connaît la tête de Burel qui, à trente-cinq ans, est arrivé à la plus haute renommée, sans avoir jamais, il est vrai, gagné des sommes sérieuses. Ce géant à la tête de lion, superbe et fauve, a réellement toute la bonté que promettent ses yeux d'un bleu céleste. Marchant parmi les roches et sous les arbres déjà rouillés et rougis par l'automne, auxquels lui-même ressemblait, il songeait, comme d'habitude, et toujours à la même chose. Il pensait comme il faut d'âpreté, de férocité, de tendresse, pour prendre et voler un peu de la nature, et il se disait qu'on n'est jamais assez pur, assez fidèle, assez sincère, pour mériter le nom d'artiste, qui est plus grand que tout.

Comme il roulait dans sa tête ces idées, aussi vieilles que neuves, tout à coup, à sa gauche, dans un fourré, au bord du sentier où il marchait, il vit un spectacle assez singulier, et il s'arrêta. Vêtu d'un complet coupé avec une élégance hyperbolique et collant comme un maillot de clown, un jeune homme très joli, pâle comme un Pierrot, et ayant les lèvres encore plus pâles que ses joues ornées d'une petite barbe noire coupée de la façon la plus correcte, fumait un cigare gros comme un arbre. En même temps, il avait appuyé sur sa tempe droite le canon d'un charmant revolver à la crosse de lapis, et déjà son doigt allait peser sur la gâchette.

Mais ayant tout vu rapidement, d'un coup d'œil de peintre, Burel saisit le revolver et le mit aussitôt dans sa poche.

— Si je ne me trompe, dit-il, vous êtes mon voisin de Barbizon, monsieur Paul Rozière et, dans votre jardin ombragé de feuillages exotiques, c'est vous qui avez tant de canards minuscules, tant de paons blancs, de flamants roses et de pivoines japonaises d'un rouge fabuleux.

— Ah! dit Rosière, que la fatigue de ne rien faire avait, depuis longtemps déjà, induit à parler nègre, rendez revolver. La vie, chose assommante. Schopenhauer...

— Très grand philosophe, dit Burel, mais Rabelais aussi n'est pas une bête, et une fable de La Fontaine a son prix. Donc, mon jeune ami, vous voulez mourir, et peut-être n'avez-vous pas tort. Mais il m'ennuie de me promener seul. Plus tard, je vous permettrai de *ne pas être*, et je vous y aiderai même, si cela peut vous être agréable. Mais, pour le moment, j'ai besoin d'un compagnon de route.

— M'en fiche, dit Rozière. Me tuer tout de suite.

Le paysagiste, de sa main de colosse, arracha un arbre, il est vrai fort petit, mais bien enraciné, et le mit d'abord en un fagot, puis en miettes.

— Vous le voyez, dit-il, je suis fort comme une grande quantité de Turcs qui seraient forts. Nous allons explorer ensemble cette forêt, pour y retrouver un *motif* que j'ai entrevu; seulement, je ne sais plus où! Vous viendrez, parce que tel est mon caprice, et parce que je vous y contrains par la violence.

— Tyrannie, alors? dit Paul Rozière.

— Précisément, dit Burel; en d'autres termes, le contraire du régime parlementaire. Allons, en route.

— Non, zut! dit le jeune pessimiste en s'asseyant dans l'herbe. Mais l'ayant empoigné par le collet de son veston, le peintre le mit debout, comme dans la pantomime, par un geste élégant et brutal. Puis il se remit en route, et voyant bien qu'il ne pouvait faire mieux, Rozière marcha à côté de lui, avec la mélancolie d'un chien fouetté récemment. D'ailleurs, il ne possédait pas une volonté assez intense pour avoir la force d'être réellement contrarié. Ayant naturellement laissé tomber son cigare, il en alluma un autre, et s'appliqua à trouver assez d'énergie pour le fumer.

— Et maintenant, dit Burel, causons de choses et d'autres. Vous êtes atrocement riche?

— Oui, dit Paul Rozière. Dégoûtant. Depuis la mort d'oncle Ladureau, le grand fabricant de chaussons de lisière, qui faisait travailler dans les prisons, suis très millionnaire, cinq ou six fois, sais pas. Ai maison à la Bordighera, chalet à Étretat, palais à Venise, yacht, avec très bon équipage anglais, pour demeurer sur la mer. Possède village entier dans la Corrèze. Mais m'ennuie, sais pas à quoi m'amuser.

— Mais, dit Burel, vous pourriez aller dans le monde!

— Monde, crétins, dit le pâle jeune homme. J'ai tiré deux ans, avec les bibelots japonais. Deux ans, avec éditions originales des pièces de Molière. Deux ans avec les Corot. Mais maintenant, bibelots japonais commandés à Yeddo par grands Magasins du Louvre. Fabriqués pour exportation. Manquent d'originalité. Aime pas Molière. Trop grossier. Les Corot, étonnants d'abord, semblent avoir pigé le frisson des arbres, le voile aérien, la transparence du ciel. Mais après, embêtants. Ont l'air qu'on a torché des brosses à moitié sèches, sur des vieilles toiles.

— C'est un point de vue, dit Burel. Vous pourriez aussi fendre du bois. Avez-vous de l'appétit? Un bon repas a son charme.

— Oui, dit Rozière, caviar, turtle-soup, queues d'écrevisses au piment. Mais aime pas manger. Bois volontiers. Mais arack, pas assez fort. Vous-même, pourquoi vivre? Êtes-vous pas misérable comme cheval de fiacre? Gagnez à peine vingt mille francs, en vous esquintant, comme casseur de cailloux. Simple chevalier de la Légion d'Honneur, comme un chef de bureau. Pas même membre de l'Institut! Donnez revolver? Le travail, pouah!

Et de nouveau, dans le chemin étroit où ils s'avançaient, Paul Rozière s'assit, cette fois, sur une roche brisée, revêtue de mousse.

— Ah! dit Burel, en le relevant et en le forçant à marcher, comme précédemment, je ne suis pas de votre avis. Trouver la justesse d'un ton, le sentiment d'une harmonie délicate, un mouvement qui disparaît ; fixer cela en dépit de nos moyens infirmes ; souffrir, pleurer, s'extasier, se désespérer pour réaliser un prodige qui, peut-être, ne sera apprécié jamais, cela, c'est vivre, que dis-je! dépenser cent vies en une minute, et il y a dans le travail de telles voluptés atroces et délicieuses que, si vous pouviez seulement les soupçonner, vous en seriez brûlé jusque dans les moelles, et les enveloppes grises de votre cerveau danseraient la sarabande ! Mais aimez-vous mieux que nous parlions des femmes? En général, c'est le terrain qui divise le moins.

— Femmes, dit Rozière, toujours la même chose. Esprit emprunté aux petits journaux. Mal maquillées. Embêtantes. Font des queues.

— Décidément, fit Burel, nous n'avons pas des crânes faits de même. Pour moi, une femme, n'importe laquelle, est un merveilleux et céleste miracle, qu'on ne saurait trop admirer. Et lorsqu'il s'en rencontre une qui, par une ineffable bonté, veut bien se donner à moi, je sens pour elle dans mon cœur une immense adoration et une reconnaissance infinie. Ainsi, monsieur, nous ne nous entendons sur rien ; et comme nous n'avons aucune idée qui nous soit commune, il nous est impossible de fonder à nous deux une religion, dans cette forêt. Donc, le seul moyen qui nous reste de nous divertir ensemble, c'est de ne plus rien dire du tout et de marcher vite, plus vite, extrêmement vite, afin de faire circuler le sang.

En effet, sans ajouter un mot de plus, Burel se mit à presser le pas d'une manière formidable. Il marchait comme, au théâtre, ces personnages emportés sur une coulisse mécanique, et son compagnon le suivait, stupéfait. Ils marchèrent ainsi pendant des heures, envolés, hagards, si rapides qu'à leurs côtés le paysage s'enfuyait éperdu, comme devant les voyageurs d'un train express. Autour d'eux, le décor changeait sans transition et sans trêve. Ils côtoyaient des étangs dormants, des cirques ouverts, des bouquets de bois, de noires sapinières ; ils franchissaient des collines, d'où les chênes s'enfuyaient en désordre, comme des armées vaincues, de mystérieuses clairières où il semblait qu'on allait voir passer les chasseresses de Diane, de grands espaces sans chemins ni sentiers, entièrement conquis par les roches, sur lesquelles se traînaient voluptueusement les serpents, goulus de soleil. De temps en temps, Rozière, par un mouvement aussitôt réprimé, entr'ouvrait ses lèvres pour demander le revolver, ou se laissait tomber comme une masse. Mais Burel le relevait non plus avec la main, mais avec le seul regard, et Rozière, hypnotisé, reprenait sa marche. Enfin, las, vaincu, exténué, bon à jeter aux chiens, il s'arrêta tout à coup, immobile.

— Tant pis ! murmura-t-il, j'ai trop faim !

Sans répondre, le peintre mena sa victime dans une oasis verte et fraîche, où les deux compagnons s'assirent dans l'herbe. Burel, qui s'était débarrassé de tout son attirail, ouvrit alors sa gibecière. C'était véritablement le sac à la malice. Il y avait dedans du pain bien cuit et brûlé, des œufs durs, des poitrines d'oie fumée, une andouille de Vire, un pâté de jambon en croûte, deux bouteilles de beaujolais, du café froid et de très vieille eau-de-vie. Rozière, affamé comme Ugolin, n'attendait pas qu'on le servît, se servait lui-même, prenait les victuailles avec ses mains avides, mangeait comme un chancre et buvait comme un templier. Enfin, n'en pouvant plus, redevenu rouge, heureux, bien portant, content de vivre, il avala une très grande lampée d'eau-de-vie ; puis, allumant un cigare, cria : Ouf ! avec une joie délirante. A ce moment-là, passa, en mangeant des mûres, une grande jeune fille aux lèvres rouges, aux cheveux drus, entièrement dénuée de corset, et dont les seins dressés trouaient une chemise de toile écrue. Les yeux sortis de la tête, Rozière la regarda, comme un chat regarde une potée de souris.

— Vous permettez que je vous quitte, dit-il à Burel.

— Certainement, dit le peintre, puisque c'est pour le bon motif !

Comme le jeune pessimiste était déjà loin, Burel lui dit :

— Voulez-vous le revolver?

— Non, cria Rozière. Puis, se retournant, il ajouta sans ralentir sa course :

— Revolver. Merci. Pas la peine !

XVII

DOCUMENTAIRE

Dans son cabinet aux murailles revêtues de tapis venus de l'extrême Orient, le jeune savant René Tincelin, assis devant une table, écrivait sur des feuillets chargés de calculs et de formules algébriques, lorsque le valet de chambre annonça monsieur Albert Eglem.

— Ah! mon cher oncle, quel bonheur! dit l'ingénieur, en embrassant avec effusion le nouveau-venu.

— Oui, c'est moi, dit Eglem. Après avoir oublié Paris pendant quinze ans, dans ce château de Flines où j'ai aimé et perdu ma chère femme, et où tu m'as fait le grand plaisir de venir me voir il y a quelques mois, j'ai voulu, une dernière fois, visiter la Ville-Lumière, et me tremper dans ses eaux vives. Donc, je suis arrivé tout droit chez toi, afin que tu m'expliques rapidement Paris. Mais, sois tranquille, je n'abuserai pas, et je ne te prendrai pas plus de dix minutes.

— Mais, mon cher oncle, vous ne sauriez abuser en aucune façon. Un neveu n'est embarrassé vis-à-vis de son oncle que lorsqu'il veut lui *carotter* de l'argent ; or, depuis Paul de Kock, le mot et la chose sont également abolis. En ce qui me concerne, lorsque je sortis le second de l'École polytechnique, je n'acceptai pas un emploi du gouvernement. Je me sentais la tête pleine d'inventions, et le génie pratique nécessaire pour les appliquer. J'ai mis mes connaissances spéciales au service de l'industrie ; j'ai été intéressé dans de grandes affaires ; j'en ai créé moi-même, et, à l'heure qu'il est, je possède un million qui ne doit rien à personne. Je n'ai donc pas besoin d'ourdir des ruses pour vous extorquer cinq cents francs, et je puis me donner tout entier au grand bonheur de fêter votre venue.

— C'est égal, dit Eglem, il n'y a pas que l'argent au monde, et il existe plusieurs façons d'être importun. Je te le répète, quoique je t'aime tendrement (car je revois en toi ma bien-aimée sœur,) je ne moisirai pas ici. Crois-le bien, je suis discret, et je sais trop ce qu'est un jeune homme.

— Bon! fit Tincelin, vous allez dire à mon domestique où il doit aller chercher vos bagages, car vous n'habiterez pas ailleurs que chez moi. Et puis, défaites-vous d'une idée qui n'est pas actuelle. Une des plus sérieuses conquêtes de l'homme moderne, c'est d'avoir supprimé l'âge. Vous pouvez vous en convaincre, notre barbe et nos cheveux, à vous et à moi, sont exactement taillés d'une façon identique, et nos vêtements se ressemblent à s'y méprendre. Il n'y a plus de jeunes gens ni de vieilles gens : aussi ne pourriez-vous me gêner, en tant que jeune homme. D'ailleurs, je vous dois une explication plus catégorique! Je vous l'ai dit, je suis, il est vrai, assez riche pour ne point vous emprunter d'argent ; en revanche, je suis beaucoup trop pauvre pour avoir une maîtresse. Soyez tranquille, vous ne verrez traîner chez moi ni chemises de surah, ni pantoufles brodées de perles. Mais on vient nous avertir que vous êtes servi ; passons donc, je vous prie, dans la salle à manger.

Quelques instants plus tard, Eglem dévorait des côtelettes aux tout petits os, à la chair savoureuse, cuites à point et qui, sous le couteau, laissaient tomber dans l'assiette d'argent de bonnes gouttes de sang et de jus.

— Diable! dit Eglem, on mange bien à Paris.

— Oui, dit Tincelin, chez moi. Maintenant, mon cher oncle, je vous écoute, et je suis tout à votre service.

— Eh bien, voilà, dit Eglem. A mon château qui est situé, comme tu le sais, dans l'Isère, près de Saint-Laurent-du-Pont, je ne reçois que *La Revue des Deux-Mondes* et *Le Petit Journal*. Quoique je les lise consciencieusement, il me reste dans l'esprit des lacunes. Je désire donc que tu m'expliques tout, et que tu me mettes au courant de Paris.

— Mais, mon oncle, dit Tincelin, vous y êtes! Paris a ceci de particulier et de surnaturel : dès qu'on y entre, par intuition, par absorption, par une influence magnétique, dont les effets sont plus faciles à constater qu'à expliquer, on sait tout, on comprend tout, on devine tout, et on a, *ipso facto*, la science infuse. Par un échange de fluide dont la loi mystérieuse n'est pas trouvée encore, monsieur Renan sait tout ce que sait Gavroche, et réciproquement. En gros, et pour aller vite, ainsi que le pensait Balzac, à Paris, tout le monde a du génie, de l'esprit et de l'héroïsme, et les Parisiens arriveraient à détrôner les Dieux, s'ils n'avaient deux sortes d'ennemis qui paralysent leurs plus utiles efforts. J'ai nommé les chimistes et les architectes ! Et c'est pourquoi vous en savez autant que moi !

— C'est égal, dit Eglem, fais comme si je ne savais pas le latin ! Et maintenant, vite, d'un trait rapide, avec autant d'ellipses que tu voudras, explique-moi tout : la politique, la littérature, le roman, l'Académie, les journaux, les théâtres, la névrose, l'hystérie, le jeu, les plaisirs. Dis-moi ce que sont les naturalistes, les parnassiens, les décadents, les déliquescents, les symbolistes. Enfin, parle-moi de tout, excepté, bien entendu, des femmes. Car, bien que les âges, selon toi, n'existent plus, je vais bel et bien avoir cinquante ans ; et, par conséquent, c'est là un sujet périmé pour moi, et dont forcément je me désintéresse.

— A la bonne heure, dit Tincelin. Parlons donc des femmes. Du temps de Paul de Kock, il y a eu les grisettes en bonnets et en robes à petites fleurs, pour qui le mot amour n'était pas un vocable dénué de sens, et qu'on amusait toute une journée à la campagne, avec une pièce de cent sous. Plus tard, il y a eu les femmes du monde, qui voulaient quelquefois savoir ce qui se passe au delà des bornes du monde. Il y a eu les femmes entretenues, à qui Coquardeau donnait par mois cinq cents francs, peut-être réduits à trois cents, et qui achetaient leurs robes chez la marchande à la toilette. Il y a eu les lorettes de Gavarni, spirituelles comme tous les personnages de Gavarni et qui toutes avaient en elles une goutte de l'essence : *Parisine* inventée par Roqueplan, comme Edgar Quinet dit que la Chimène du *Cid* avait une goutte de sang de taureau dans le cœur. Il y a eu les superbes filles ayant, comme la déesse Héra, des yeux de génisse, qui, en marchant, comme la Vache de Victor Hugo, regardaient vaguement quelque part. Mais le cœur n'est plus ni à gauche ni à droite, et nous avons changé tout cela. Comme à présent une femme, n'importe laquelle, ne saurait plus être habillée assez proprement pour aller acheter son lait le matin, à moins qu'on y dépense quarante mille francs par an, il n'y a plus, en tout et pour tout, que des femmes honnêtes !

— En vérité ! dit Eglem. Ces choses-là sont rudes.

— Mais, reprit Tincelin, je réponds à vos autres questions, en allant droit au fait, sans m'embarrasser des broussailles inutiles. La politique ? C'est toujours la même chose que du temps de Richelieu, excepté qu'il n'y a plus de Richelieu. Plus que jamais confondue avec la prestidigitation, elle consiste surtout à raccommoder les pièces de cent sous qui n'étaient pas cassées, et les mouchoirs qui n'avaient pas été déchirés. La littérature a deux manières d'être. Amusante et sincère, elle est lue par tout le monde. Hypocrite, faussement vertueuse et sentimentale, elle est louée et acclamée par les classes dirigeantes. Le roman s'est transformé et divisé en deux. Autrefois, c'était une composition où les études physiologiques et psychiques se mêlaient étroitement avec une affabulation, autant que possible, intéressante. Aujourd'hui, il y a eu dédoublement. Certains romans, faits pour les lecteurs naïfs, se contentent de l'affabulation ; d'autres se réservent la psychologie. En d'autres termes, le bifteck est servi sur un plat, et les pommes de terre frites, à part, sur un autre plat.

— Oui, dit Eglem, je te comprends. Du moins, dans une certaine mesure. Mais continue, je te prie ; car il m'est doux de m'instruire rapidement, et à si peu de frais.

— L'Académie, dit Tincelin, a victorieusement survécu aux sottes et plates railleries, toujours les mêmes, qui depuis si longtemps s'émoussent sur elle. En somme, c'est une très illustre compagnie, dans laquelle, toutefois, il vaut mieux être duc que simple poète, et où on n'est pas trop gêné avec les quinze cents francs annuels qu'on touche, pourvu qu'on y joigne accessoirement deux cent mille livres de rentes, représentées par des propriétés territoriales bien affermées. Mais j'arrive sur un terrain brûlant. Les naturalistes...

— Je suppose, dit Eglem, qu'ils prennent pour modèle et pour thème : la nature.

— Oui, dit Tincelin, comme Homère et Phidias; mais ce n'est pas dans ce sens que le mot doit être entendu. Si l'on excepte trois écrivains à peu près, trop illustres pour qu'on ait le droit de les étiqueter et de réunir leurs noms par une accolade, on désigne couramment par le mot : *naturalistes* les écrivains qui, entre leurs romans, ne composent pas d'ouvrages en vers, ou, s'ils en composent, imitent librement la versification et la prosodie du grand poète Alfred de Musset. Quant aux poètes de profession...

— Oui, dit Eglem, parlons de ceux-là, car il y a dans leur affaire toute sorte de qualificatifs qui me font mal à la tête.

— En somme, dit Tincelin, en réduisant les choses à la stricte réalité, c'est très simple. Les poètes dits : *parnassiens* ne se sont jamais réunis, même allégoriquement, sur le mont nommé Parnasse, et situé, comme vous le savez, au sud de l'Œta, dans la Phocide. Le seul lien qui existe entre eux, c'est qu'ils se font éditer par Alphonse Lemerre, dans le passage Choiseul. Les *décadents* sont des jeunes gens qui cherchent la musique des mots (comme Virgile) et qui, en se nommant eux-mêmes *décadents*, ou déliquescents, imitent dans sa naïveté ce personnage de mélodrame qui disait : « Nous autres, hommes du moyen âge ! » — Les *symbolistes* sont des novateurs qui approuvent Homère d'avoir représenté la Sagesse, non comme une idée abstraite, mais comme une déesse armée et casquée, ayant sur sa poitrine la tête horrible de la Gorgone.

— Ah ! dit Eglem, en soupirant, ce que c'est que d'avoir étudié !

— Mais, dit Tincelin, je veux vous faire bonne mesure ! L'homme ne possède qu'une certaine quantité de cerveau, et ce que lui en dévorent le jeu et le plaisir, il ne l'a plus. Les journaux sont instructifs, principalement à cause de ce qu'ils ne disent pas. Le théâtre serait un plaisir délicieux, si les architectes savaient construire des calorifères qu'on pût gouverner. Mais au Théâtre-Français, on joue trop lentement, parce qu'il fait trop chaud ; et on joue trop vite au Théâtre des Nations, parce qu'il y fait trop froid, et qu'on a envie de s'en aller. Enfin, la névrose et l'hystérie sont comme les revenants qui, pour revenir avec succès, ont besoin qu'on les redoute et qu'on les appelle.

— Un dernier mot ? dit Eglem. Ailleurs que

chez toi, est-il possible de bien manger à Paris?

— Guère, dit Tincelin. Mon cher oncle, vous n'ignorez pas qu'il n'y a pas de beurre à Paris; car s'il y en avait, qui donc consentirait à habiter la province! Mais les cruels chimistes méritent un reproche qui, d'ailleurs, peut s'appliquer à un grand nombre de politiciens, de négociants et d'artistes : c'est qu'ils ne nous fabriquent même pas de la bonne MARGARINE!

XVIII

PEAU NEUVE

Au mois de mai dernier, traversant le Luxembourg qu'embellissait la magnifique floraison de ses lilas, une des plus jolies femmes de Saumur, madame Laure Pailhès, crut reconnaître à quelque distance sa meilleure amie au pensionnat des demoiselles Jouin, mademoiselle Jeanne Marette, devenue depuis marquise de Fabas. Mais aussitôt, par réflexion, madame Pailhès pensa qu'elle devait se tromper; car, vêtue d'une robe simple sans ornements, coiffée en bandeaux plats, mince, gracieuse, marchant de l'allure la plus chaste, avec un regard profondément ignorant et ingénu, la personne qui venait à elle offrait dans toute sa pureté l'aspect original de la plus innocente jeune fille. Cependant, lorsque les deux promeneuses furent près l'une de l'autre, Laure ne put méconnaître le charmant visage de sa compagne, dont l'expression lui avait été si familière. Elle arrêta donc Jeanne et, en plein jardin, sans se soucier des passants, l'embrassa avec effusion.

— C'est toi! c'est toi! dit-elle; mais explique-moi cette transformation étrange : tu es donc redevenue enfant!

— Oui, dit la marquise de Fabas, et sans cela je n'existerais plus. Ah! que ton exclamation m'a rendue heureuse, car ainsi, d'un seul mot, tu m'as raconté à moi-même toute mon histoire. Mais je désire que tu la connaisses comme moi, et je voudrais te faire ma confession complète; mais il y a tant d'années que je renferme en moi-même tout mon chagrin, toutes mes impressions et toutes mes pensées, et qu'il ne m'est pas arrivé de pouvoir parler à cœur ouvert! J'habite à deux pas d'ici, rue d'Assas, et, en véritable provinciale, au premier étage. Si donc tu disposes de quelques instants, ce serait pour moi une véritable fête de t'emmener chez moi, de t'y offrir à déjeuner si tu es encore à jeun, comme peut le faire supposer l'heure matinale où je te retrouve; et, note bien ceci, c'est que tu seras la première personne qui aura mangé chez moi une bouchée de pain!

— Eh bien! dit Laure, voilà qui m'intrigue fort et qui me déciderait; mais je suis toute décidée! Comme tu l'as sans doute appris, je suis veuve, je suis maîtresse de moi et libre comme l'oiseau; je voyage seule et je suis venue à Paris pour un motif aussi important que frivole : uniquement pour acheter des robes! J'ai donc à te donner tout le temps que tu voudras; à ton choix, des éternités ou cinq minutes; je mangerai goulûment ce que tu voudras m'offrir : une cuillerée de confitures d'épine-vinette ou le festin de Gargantua; et j'écouterai ton récit avec attention, soit qu'il tienne en deux lignes, ou qu'il soit long comme les aventures d'Énée, prince de Troie, ou de Robinson Crusoé.

Il faudrait dire ici quel fut l'étonnement de madame Pailhès, lorsqu'en entrant chez son amie, elle admira un véritable appartement de jeune fille, d'une simplicité imprévue et d'une blancheur vraiment liliale, et avec quelle gourmandise fut savouré un goûter de pensionnaires, servi par la vieille Nanon, que Laure reconnut tout de suite, car c'était elle qui autrefois venait, les jours de sortie, chercher Jeanne Marette à la pension des demoiselles Jouin. Mais j'ai hâte de laisser la parole à l'héroïne de ce court récit; voici comment elle raconta à madame Laure

Pailhès sa vie si courte encore et déjà si pleine de tristes et poignants souvenirs.

— Ma chérie, dit-elle, j'aimai, tout enfant, sans me l'avouer à moi-même et sans le savoir, celui pour lequel mon cœur battit pour la première fois et bat toujours ; c'est notre compatriote de Saumur, Joseph Thibault, dont la carrière, comme tu le sais sans doute, a été si brillante. Très remarqué dès ses études, il fut d'abord médecin et chirurgien militaire, et il a laissé dans l'armée le souvenir d'un praticien de premier ordre. Mais comme il est très riche et comme les plus hautes spéculations l'attiraient, il ne tarda pas à donner sa démission, pour se livrer éperdûment à la science pure, et ses étonnantes découvertes chimiques l'ont placé au premier rang parmi les grands remueurs d'idées. Sa jeunesse seule l'a empêché d'entrer dès à présent à l'Institut, où il sera accueilli avec honneur, dès que son âge le permettra.

— Certes, dit madame Pailhès, monsieur Joseph Thibault est un homme remarquable entre tous, beau comme un homme doit l'être, sans rien d'efféminé et dont l'incontestable génie égale la probité et la bravoure. Eh bien ! que ne l'as-tu épousé, au lieu de choisir ce marquis de Fabas, qui était, si je ne me trompe, un débauché de la pire espèce?

— Mais, dit Jeanne, lorsqu'en 1881, âgée de dix-neuf ans, j'eus la douleur de perdre ma mère bien-aimée, Joseph Thibault était loin. Il me semblait bien avoir lu dans ses regards un peu de sympathie pour moi, mais je n'en savais pas plus et, comme je te l'ai dit, je ne savais pas moi-même que je l'aimais. Quoi que j'aie connu des intrigues de la province et de l'aveugle idolâtrie qu'on y professe pour l'argent, je ne comprendrai jamais par quelle aberration mon conseil de famille confia ma tutelle à un de mes cousins, quinquagénaire, monsieur Raoul Dessenis, qui faisait valoir lui-même ses grandes propriétés, situées à Neuillé. Certes, si l'on eût voulu choisir entre tous l'homme qui ne devait pas être le gardien d'une jeune fille, c'est à lui qu'il aurait fallu songer tout de suite. Méprisé et décrié, en dépit de ses millions, ce campagnard ivrogne, coureur de servantes, ayant toujours la pipe aux dents, se plaisait à d'interminables festins avec les maquignons et les marchands de bœufs, où l'eau-de-vie se buvait comme le vin, dans les grands verres et où, après avoir tenu des propos épouvantables, on chantait au dessert des chansons de caserne, et pis encore. Enfin, il exigeait ma présence à ces repas, dont j'ai encore la nausée. Le reste du temps, je restais dans ma chambre occupée à quelque ouvrage d'aiguille, ou je me promenais dans le parc très abandonné et sauvage ; mais je ne pouvais traverser la maison sans y rencontrer, entre deux portes, monsieur Dessenis tenant dans ses bras quelque Gothon ébouriffée, dont il baisait les joues et les yeux imbéciles.

— Ah ! dit madame Pailhès, voilà sans doute un tuteur qui te donnait le bon exemple !

— Mais, dit Jeanne, il ne se borna pas à l'exemple ! Un soir, à demi ivre, comme toujours, mon tuteur entra dans ma chambre, me prit à bras le corps et voulut me violenter ; alors je bénis mes parents, sains et vigoureux, nobles enfants de la terre qui, avec cette frêle apparence, m'ont donné presque la force d'un homme. Plus que ne le souhaitait mon tuteur, je ressemblai à ses convives habituels, et ce fut d'un coup de poing de bouvier que je l'envoyai rouler par terre. Jamais il ne fut question entre nous de cette scène ; mais, dès lors, monsieur Dessenis me porta une haine implacable, et c'est à cette haine que j'ai dû de devenir marquise de Fabas.

Voisin de campagne de mon tuteur et son compagnon de débauche lorsqu'il venait en villégiature à son château, le marquis, jeune encore, mais usé jusqu'aux moelles par les plus vils excès, se soutenait à peine, et avait l'air d'un spectre lubrique. Pensant ne pouvoir se venger de moi plus cruellement, monsieur Dessenis vanta à son ami ma beauté, mes pauvres talents, et lui fit comprendre combien ma grande fortune, entière et liquide, viendrait à point pour libérer ses propriétés, laissées à l'abandon et accablées d'hypothèques. N'ayant ni ami, ni soutien d'aucune sorte, n'espérant pas revoir jamais Joseph Thibault, et d'ailleurs jugeant mal le marquis, viveur parisien qui, au milieu de sa ruine physique et morale, ne manquait ni d'esprit ni d'élégance, et au besoin savait être aimable; ne voyant nul moyen d'échapper à mon tuteur ou à lui, qui me sembla du moins civilisé, je ne sus pas résister, et je laissai s'accomplir le triste mariage. Vraie fête pour la haine de mon tuteur ; mais le marquis de Fabas ne devait pas tarder à me haïr autant que lui, et d'une haine encore plus cruelle.

Il m'emporta à Paris comme une proie ; mais cette proie, il fut convaincu bientôt qu'il ne la dévorerait pas, étant plus qu'à demi mort; et, en effet, chère Laure, tu dois tout savoir, mon mariage n'a jamais été qu'une fiction. Dans sa rage d'avoir là, à sa main, une jeune fille telle que j'étais et que tu m'as connue, et de n'en pouvoir attraper miette, il voulut du moins, comme les antiques Harpies, déshonorer le mets auquel il ne pouvait toucher, et laisser sur moi la marque de sa griffe immonde. Alors, avec une patience de sauvage, avec une ruse infernale, il commença sur moi son œuvre de démoralisation, n'épargnant rien, ni les lectures ni les spectacles, ni les récits savamment gradués, pour faire naître en moi les reptiles qui grouillent dans le cœur des courtisanes, et me présentant comme étant sa vraie et sainte figure, les plus ignobles caricatures de l'Amour. Peu à peu, perdant toute notion du bien et du mal, je me sentais enfoncer irrésistiblement dans la fange du marais empesté. Le marquis de Fabas donna des festins qui étaient de véritables orgies, et où ses amis amenaient, comme étant leurs femmes, un tas de filles effrontées, suant le vice et la luxure. Bientôt je sus à quoi m'en tenir ; on ne se gêna plus pour moi, et je vis sous mes yeux des spectacles dont j'ai encore dans mes veines le dégoût et l'horreur. Je restais là, vaincue et hypnotisée.

Parfois cependant je voulais fuir, j'avais des velléités de révolte, et je m'adressai au seul homme qui se fût intéressé à moi, à monsieur Michalot, l'avoué de mon mari ; mais tout en me plaignant de toute son âme, ce très honnête vieillard redouta pour moi le scandale d'un procès, et craignit que je ne fusse éclaboussée à jamais par toute cette boue qu'il faudrait remuer. D'ailleurs, voyant le marquis de Fabas si irrévocablement près de sa fin, il me conseilla la patience, et je lui obéis, car la suprême, la plus horrible épreuve ne devait pas m'être épargnée. Un jour, venant de Saumur et chargé de quelque commission pour mon mari, Joseph Thibault entra, fut introduit au milieu de l'orgie quotidienne, vit les flacons amoncelés, les convives en proie à un ahurissement féroce, les filles dépenaillées, laissant pendre impudemment leurs chevelures. Alors, après s'être rapidement acquitté de son message, Joseph, en se retirant, jeta sur moi un triste, un profond regard de douloureuse pitié, et, dans ses yeux, je lus distinctement ces mots : Je t'aurais aimée! plus désolants pour moi que les paroles écrites sur les portes de l'Enfer!

Enfin, la délivrance arriva. Le marquis de Fabas mourut, révolté, désespéré, furieux de n'avoir pas eu le temps de manger ma fortune, et de laisser en moi encore quelque chose d'humain. En expirant, il m'insultait encore par d'ignobles paroles.

— Une chose me console, dit-il, c'est qu'à

présent, tu n'es plus bonne qu'à faire une drôlesse !

Ce mot, le marquis avait bien fait de le prononcer ; car il m'indiquait ainsi ce que je ne devais pas faire, et, en effet, ma chère Laure, je ne devins pas une drôlesse ! Pour en finir d'un mot avec les choses matérielles, héritière unique de mon mari, qui n'avait pas de parents, j'employai intégralement sa fortune à des fondations de lits dans divers hospices. Quant à la mienne, admirablement administrée et reconstituée par monsieur Michalot, elle s'est retrouvée entière et telle que je l'avais reçue. Mais là n'est pas le point intéressant de mon histoire. Avec une énergie qui, soudainement, naquit en moi, éveillée par l'amour, je me considérai comme morte, et de nouveau devant naître à la vie. Je rayai, j'effaçai de ma pensée toutes notions acquises, pour les remplacer par de nouvelles ; je résolus de respecter ma conscience comme celle d'un petit enfant, et, repoussant toute idée impure ou frivole, ne songeant qu'au bien, chaque soir je m'examinais sévèrement, comme si j'eusse été à mon dernier jour, et je m'exerçais à n'être pas aveuglée par la pure et éblouissante lumière.

A Paris, avec de la volonté et de l'argent, on trouve tout : je trouvai, par les soins de monsieur Michalot, des dames sincèrement charitables, ouvrières, pansant vraiment les plaies de leurs mains fidèles, qui m'associèrent à leur œuvre, et un modeste savant, qui a recommencé mon éducation par A, B, C, et m'a appris à être un peu savante, sans qu'il y paraisse jamais. Je ne suis pas entrée dans un théâtre, je n'ai pas lu un livre inutile, et je me suis lavé le visage avec de l'eau pure. Enfin, chère Laure, le monde de l'art m'a été ouvert, par un de ces grands organistes de paroisse, plus nombreux qu'on ne le croit, qui m'a lavée et débarbouillée de l'opérette, et qui m'a fait monter, ravie, sur les escaliers bleus, jusqu'aux célestes paradis de Bach, de Beethoven et de Mozart. Je me tenais nette et blanche comme une hostie; il me semblait que, sans m'épier, Joseph Thibault était toujours là, me voyait, et savait ce que je faisais. Je ne m'étais pas trompée! Ce matin même, tout à l'heure, étant allée chez monsieur Michalot, il m'a dit :

— J'ai vu monsieur Joseph Thibault. Comme il l'a promis à ma femme, il dîne demain avec nous. Serez-vous assez aimable pour être des nôtres?

Et comme j'avais accepté, le bon avoué ajouta, d'une voix attendrie et douce :

— Il vous aime !

— Ah! chère amie, dit madame Laure Pailhès, je le vois, si tu l'avais pu, tu aurais arraché la peau de ton corps toute sanglante, pour en mettre une autre. Grâce à Dieu et grâce à ton énergie virile, tu seras démarquisée comme il faut, et tu t'appelleras enfin madame Joseph Thibault — tout bonnement!

XIX

MUSCADES

— Donc, ma chérie, dit la vieille marquise de Trijean, avant cet accident tout à fait involontaire et relativement tragique, tu n'avais jamais commis aucune faute ?

— Aucune, ma tante, dit la jolie Emmeline de Sourzac. Et j'avais espéré continuer de la sorte. Je voudrais, ou plutôt, j'aurais voulu rester une femme honnête.

— Tu le resteras donc, dit la marquise. Entendons-nous bien, convenons de nos faits et ne faisons pas de réticences ; car nous sommes ici au confessionnal. Certes, tu as eu raison de venir demander secours à ta vieille marraine qui, à son âge, comprend tout, c'est bien le moins ! et dont l'affection ne te manquera jamais. Voyons, d'abord, si je t'ai bien comprise. Ce qui t'est récemment arrivé, c'est l'éternelle histoire, usée dans les romans, et que la vie se permet encore de recopier quelquefois. C'était le jour du gros orage ; tu étais agacée, énervée, brisée, humiliée plus que de raison par la dernière et si sotte infidélité de ton mari. Les idées même sur lesquelles ses vies de polichinelle avaient arrêté ton esprit avivaient et surexcitaient au vif tes souffrances de femme brutalement délaissée. Comme tu étais seule dans ton petit salon, le soir tombant déjà et les lampes n'ayant pas été apportées encore, dans le trouble de ta songerie, tu n'entendis pas annoncer monsieur de Carville. Depuis six mois, ce séducteur parfaitement nul et correct te faisait une cour assidue, à laquelle tu ne prenais pas plus garde qu'au bourdonnement d'un insecte. Tout le servait, l'heure, le lieu, ton état maladif. Il se conduisit comme un Gète dans une ville prise, et lorsqu'il eut perpétré son attentat, tu te trouvas aussi stupéfaite qu'un passant à qui un filou a dérobé sa montre et sa chaîne. Heureusement, il te fut possible de congédier ton voleur avant qu'on eût éclairé le boudoir, de telle façon que tu n'eus pas l'angoisse de lui montrer ton humiliation et ta rougeur. Enfin, tu as eu une idée, la meilleure de toutes, la seule possible, c'est de venir te confier à moi et réclamer mon assistance. Est-ce bien cela ?

— Parfaitement, ma chère tante, dit Emmeline de Sourzac, et je vous implore pour être sauvée, si je puis encore l'être.

— Eh! fit madame de Trijean, il faut que tu le puisses! Certes, je n'ai pas besoin de te le dire, je ne suis nullement hostile à l'amour ; car avec ses voluptés, ses chers sacrifices, ses délices ineffables, il vaut mille fois les choses vaines qu'il nous enlève et auxquelles il nous force de renoncer. Mais, à ce qui me semble, tu n'aimes pas du tout monsieur Léon de Carville ?

— Non, ma tante, dit Emmeline, pas plus que le grand Turc.

— A la bonne heure, dit la vieille marquise Suzanne de Trijean. Et ne crois pas non plus que je proscrive la galanterie d'une manière absolue. Il se peut qu'on s'y donne sans avilissement, dans de certaines conditions de grandeur, de gloire, de splendeur triomphale. Mais, outre que tu n'as pas l'esprit déréglé d'une chatte amoureuse, ces conditions, il ne me semble pas que tu les remplisses suffisamment Tu es belle sans doute; mais cependant, plus jolie encore que belle, et tu n'as pas sur ta bouche cette pourpre dont sont teintes les lèvres des héroïnes faites pour les crimes. Tu es avenante, douce, merveilleusement spirituelle, sans méchanceté et sans ironie ; c'est pourquoi tu n'es pas faite pour tenir dans tes mains la fleur écarlate, et pour porter sur ton front les insolents diadèmes. Mais, ma chère, pour courir les prétentaines avec la désinvolture des nobles coquines d'autrefois, ce qui te manquerait le plus, ce serait un mari ayant plus d'étoffe et d'autorité que le tien.

— Comment cela? demanda Emmeline.

— Mais oui, dit la marquise, si monsieur de Sourzac a trop peu de bon sens pour être fidèle, en revanche il lui manquerait tout pour rester convenable dans le rôle de mari trompé. Il est riche, brasse de grandes affaires et gouverne une importante compagnie financière. Tout cela va tant que ça va; mais tous les spéculateurs sont exposés à se voir un jour chaussés d'espadrilles raccommodées avec des ficelles. Ce qui me rassure pour ton avenir, c'est que ma grande fortune ne te manquera pas, que ton seigneur et maître n'aura pas le droit d'y toucher, et que je la lègue directement à tes enfants. Ton mari est baron, je n'y contredis pas, mais encore ne faudrait-il pas trop pâlir sur ses chartes, et je ne suis pas rigoureusement certaine que ses aïeux soient morts à Azincourt, comme ce fut le devoir de tout bon gentilhomme français. Il est brave, mais il ne prendrait pas une redoute à lui tout seul; il n'est pas bête, mais, après avoir lu les journaux du matin, il n'oublie pas assez ce qu'il y a dedans, et il achète des tapis médiocres et des meubles truqués, à l'Hôtel des Ventes. A ces causes, il ne me paraît pas avoir l'envergure nécessaire pour être un cocu honoré et faisant bonne figure dans le monde! Aussi, en ce qui te concerne, feras-tu très bien de rester la bonne, charmante et honnête femme que tu es, appliquée à tous les devoirs, ne dédaignant pas les plaisirs, et accueillant une des meilleures élites parisiennes dans ton salon vraiment exquis, où tout le monde admire ton sourire, et où personne n'a le droit de te serrer le bout des doigts dans les coins.

— Mais, ma chère marraine, je ne demande pas autre chose, dussé-je moi-même écumer le pot-au-feu et tricoter des bas de laine!

— Nous n'en viendrons pas à ces extrémités, dit la marquise, mais il faut que l'*incident regrettable* n'ait pas eu lieu, parce que nous l'ordonnons et le voulons ainsi. Il faut qu'il soit raturé de la réalité et de la vie, et même supprimé dans la mémoire du coupable. Je vais donc te donner pour cela mes instructions, que je te prie de suivre littéralement et avec l'exactitude la plus fidèle.

Ces instructions, madame de Trijean les donna en effet à sa nièce, claires, précises, simples, sans omettre aucune précaution et aucun détail. Ainsi madame de Sourzac s'en alla rassurée, rassérénée, armée de toutes pièces, et prête à jouer son rôle en comédienne de talent, bien conseillée et stylée par le professeur.

La première fois que monsieur de Carville se présenta chez elle, et justement la trouva seule, elle le reçut tout de suite, avec une liberté aisée, avec la grâce la plus affable, et avec si peu d'embarras que le jeune homme en fut absolument déconcerté. Madame de Sourzac le faisait causer de tout, notamment des choses qu'il savait le mieux : elle l'écoutait avec une indulgence souriante, et il se voyait forcé de dérouler l'écheveau des conversations inutiles, sans trouver le moyen de faire une discrète allusion à la seule chose qui lui tenait au cœur. Pourtant, deux ou trois fois, il l'essaya, mais alors Emmeline montra un tel étonnement, vraiment naturel et non joué, dans ses prunelles enfantines, que monsieur de Carville dut se retirer en se demandant sérieusement si l'oublieuse victime avait, en effet, perdu la mémoire.

Il devait être promptement édifié sur ce point, et convaincu par une de ces preuves décisives qui ne laissent même pas de place au doute. Quelques jours plus tard, les personnages de cette historiette se trouvaient réunis chez la marquise de Trijean, dans le salon où se pressaient de nombreux visiteurs. Comme, après avoir abordé toutes sortes de sujets, la conversation étincelante et rapide s'était arrêtée un instant :

— Ma chère tante, dit Emmeline de Sourzac, permettez-moi de vous remettre mon obole pour vos *Orphelines infirmes*.

Elle tira de sa bourse quelques louis et les offrit à la marquise. Après quoi on causa de nouveau ; mais cinq minutes ne s'étaient pas écoulées que, tirant sa bourse comme la première fois, et parlant avec les mêmes intonations, Emmeline s'adressa de nouveau à la marquise :

— Ah! dit-elle, je ne veux pas oublier vos *Orphelines infirmes*, et je ne vous ai pas encore donné mon offrande.

— Mais si fait ! dit madame de Trijean, tu me l'as donnée, il n'y a qu'un instant. Comment ne t'en souviens-tu pas ?

Tous les assistants étaient frappés de stupeur. Seule, contente d'elle, souriante, madame de Sourzac n'éprouvait aucun embarras.

— Il n'importe, fit-elle; il ne sera pas dit que j'aurai remis dans ma bourse un argent que je destinais à vos petites protégées. S'il est vrai que je me sois trompée, ce que je ne puis croire, ce sera tant mieux pour ces pauvres jeunes filles.

— Merci, dit la marquise en prenant les louis, et elle ajouta : J'espère que monsieur de Carville aussi voudra bien songer à mes *Orphelines?*

— Mais, madame, dit le jeune homme, avec un étonnement qui allait jusqu'à l'épouvante, je me suis présenté hier à votre porte, voulant m'associer à votre œuvre, pour ma faible part. N'ayant pas eu l'heureuse fortune de vous rencontrer, j'ai remis à votre vieux valet de chambre Jean cent louis, avec ma carte.

— Voilà qui est inouï, fit madame de Trijean, et, ayant sonné sa femme de chambre : Faites venir Jean, dit-elle. Un instant après, entra ce serviteur aux cheveux de neige, connu par quarante ans de probité, à l'abri de tout soupçon, mais qui, cette fois, mentit comme un arracheur de dents, tant son dévouement à sa maîtresse était absolu et aveugle.

— Jean, lui dit la marquise, vous n'avez sans doute pas songé à me remettre les cent louis que monsieur de Carville a apportés hier?

— Madame fait erreur, dit le vieux Jean, avec l'expression d'une sincérité évangélique.

Je n'ai pas vu monsieur de Carville depuis la semaine dernière, c'est-à-dire depuis le jour où il a dîné chez madame la marquise.

Là-dessus, le vieillard sortit, et, sous le feu des mauvais regards qui s'attachaient sur lui, évidemment chargés de soupçon, le séducteur, qui n'avait pas le choix, fit comme madame de Sourzac, paya une seconde fois ce qu'il avait payé déjà. Puis il prit congé, très troublé, car les vols de cœurs, auxquels il se livrait habituellement, étaient les seuls qui lui eussent jamais été reprochés.

— Enfin, se disait-il avec angoisse, en descendant l'escalier, qui se trompe ici? Est-ce madame de Sourzac qui ne se rappelle pas ce qu'elle fait, ou si c'est moi qui me rappelle indûment des choses que je n'ai pas faites?

Mais, à quelques pas, monsieur de Carville vit son domestique Eusèbe qui, planté en faction, l'attendait, tenant à la main un petit paquet enveloppé dans du papier de soie.

— Monsieur m'excusera, dit Eusèbe, mais je ne sais si monsieur s'est aperçu qu'il était sorti sans cravate!

Léon de Carville mit fiévreusement la main à son cou. En effet, son faux-col droit n'était souligné par aucun morceau d'étoffe. Il se cravata en pleine rue, sans avoir besoin de miroir, ce qui doit être le premier talent d'un don Juan de profession. Mais il croyait sentir sur sa peau les griffes de la Chimère et du Rêve.

— Ah çà! demanda-t-il à Eusèbe avec effarement, j'ai bien ma culotte?

— Parfaitement, monsieur, dit le valet. Pour la cravate, ma surveillance a pu être mise en défaut ; mais si monsieur avait oublié — l'*autre chose*, je m'en serais certainement aperçu !

Comme on le voit, la vieille marquise de Trijean, pourtant si prudente, avait dû mettre des valets dans son jeu. Mais quand on veut faire des pastiches de l'ancien répertoire, on est bien forcé d'avoir recours à Scapin et à Mascarille.

XX

CHIRURGIE

Après avoir lu les cinquante premières pages du livre abominable récemment publié par Léopold Garcin, madame Addes, ivre, troublée, envahie par la rougeur qui montait jusqu'à ses yeux, sortit, ne pouvant plus tenir en place. Encore matériellement honnête, mais en proie à l'esprit de perversité, elle était avide de connaître les blêmes enfers, de savoir ce qui ne doit pas être su, de se désaltérer au flot noir de quelque attirant Cocyte. Et, dans cette course téméraire vers l'inconnu, il sembla qu'en effet l'esprit du mal la protégeait ; car, par une étrange coïncidence, en traversant le parc Monceau, la première personne qu'elle vit, comme venant à sa rencontre, fut Jeanne Delfaut, sa meilleure amie d'autrefois, sa chère compagne, qu'elle n'avait pas vue depuis le couvent. Oui, c'était elle, mais combien changée et transfigurée ! A l'expression de son visage, à son allure hautaine, à sa toilette d'une simplicité insolente, il était facile de voir que la pure jeune fille d'autrefois était devenue une courtisane, une de celles qui montrent à la cité avide de joies folles et amères la fidèle image de son âme.

En retrouvant tout à coup son amie, en voyant cette absolue transformation qui, à tout autre moment, l'eût stupéfaite, madame Addes fut intérieurement heureuse; car, grâce à cette circonstance inespérée, elle allait enfin pouvoir satisfaire toutes ses curiosités malsaines, et interroger une sphinge qui saurait lui répondre. Aussi fut-ce avec un empressement inouï qu'elle s'élança vers la promeneuse. Et quand elle l'eut atteinte :

— Toi, toi, Jeanne Delfaut ! dit-elle.

Et elle voulut embrasser la prétendue Jeanne qui, nettement et résolument, se recula.

— Madame, dit-elle, le nom que vous venez de prononcer n'est pas le mien, et je ne vous connais pas.

— Tu ne me connais pas ! dit madame Addes.

— Pas du tout, dit la dame, qui voulut s'éloigner.

— Allons ! dit Lucile Addes, qui ne la quitta

pas et, sans se laisser rebuter, marcha à côté d'elle. Nous n'avons pas été élevées ensemble au couvent des Augustines! Tu n'y étais pas ma meilleure amie et ma petite mère! Mais, regarde-moi donc! Travaux, plaisirs, espérances, nous partagions tout. Nulle affection ne fut plus profonde et plus fidèle que la nôtre. Rappelle-toi nos causeries sans fin, nos longues confidences, les rêves de bonheur qui emplissaient nos petites âmes, et enfin ce continuel échange de pensées, que tu ne peux avoir oublié. Moi, j'étais un peu inquiète et écervelée; et toi, la perfection, tu me grondais, tu me réprimandais avec une amitié sévère, car tu m'aurais voulue sans défaut. Oui, quand on m'a subitement emmenée du couvent pour me marier tout de suite, je t'avais promis de t'écrire toujours; mais tu sais comme on ne fait pas ce qu'on veut, et comme la vie est tyrannique. Jeanne! ce n'est pas toi, Jeanne! Mais cette si remarquable mèche fauve dans ces cheveux châtains, et ce signe querelleur, si étrangement placé au coin même de la lèvre, qui donc les aurait comme toi, si ce n'est toi?

— Madame, dit l'inconnue, d'une voix brutale et dure, je n'ai été élevée dans aucun couvent. On a les cheveux et les signes qu'on peut, mais je vous vois pour la première fois, et je ne vous connais pas. Adieu donc, et ne perdons pas notre temps à des discours inutiles.

A ces mots, elle s'éloigna à grands pas et, cette fois, si rapidement que madame Addes ne put la suivre. Huit jours après cette scène, Lucile, dans son très petit salon, était occupée à relire une obsédante lettre d'amour. Mais elle la cacha dans son sein en entendant la porte s'ouvrir et, à son grand étonnement, elle vit entrer l'amie qui, au parc Monceau, l'avait si impudemment méconnue et reniée.

— Lucile, dit Jeanne, tu es en train de te perdre sans rémission ; le jour et l'heure sont fixés déjà, et moi, la seule personne qui puisse t'éclairer, je viens t'instruire en cinq minutes. C'est plus qu'il n'en faut pour apprendre la vie.

— Ah ! dit ironiquement madame Addes, aujourd'hui, vous consentez enfin à être mademoiselle Delfaut !

— Oui, dit Jeanne, ne nous attardons pas à des balivernes. Je mentais par respect pour toi, car tu devines ce que je suis devenue ! Mais te voilà penchée sur le bord de l'abîme, et il faut que tu sois sauvée, retenue sur la terre ferme, fût-ce par une main sale. Tu as pris en dégoût ton beau, honnête, spirituel mari, qui est bon comme un ange ; et il te semble vulgaire, parce qu'il travaille comme un nègre, pour gagner ton pain et celui de tes petits. Tu trouves qu'il manque d'imprévu, parce qu'il se borne à te donner des baisers sains et bien portants comme son âme et à te faire des enfants.

— Oui, dit Lucile, cette vie plate m'exaspère. Je suis affamée, déchirée, dévorée de curiosité.

— Et, dit Jeanne Delfaut, c'est pour cela que tu vas te donner à un Michel Yvanne, impudent, joueur comme les cartes, usé par les plus viles amours, qui non seulement serrera la main de ton mari et mangera sa soupe, mais lui empruntera son argent et, finalement, pour payer ses festins avec des Margots, vendra jusqu'à ta chemise.

— Tu crois? dit madame Addes, en relevant sa tête avec une expression de révolte. Eh bien, qu'importe! je veux savoir.

— Savoir quoi? dit Jeanne Delfaut, violemment. C'est aussi pour savoir, sans doute, que tu lis le livre que voilà, le livre infâme de Léopold Garcin! Eh bien! pauvre petite, en fait de vice, de raffinements coupables, d'insultes à la nature et aux lois éternelles, cet amant fatigué et cet écrivain précieux t'apprendraient uniquement ce qu'ils savent eux-mêmes, c'est-à-dire : rien du tout! Ah! Lucile, ceux-là surtout me font rire, ces romanciers ingénus qui affichent l'intolérable prétention de dépraver les femmes;

car il faudrait les vêtir de satin blanc, et mettre sur leurs têtes des chapeaux de fleurs d'oranger ! Ah! comme ils seraient vite devenus des épileptiques et des fous furieux, s'ils avaient pu les entrevoir seulement en rêve, ces Enfers dont je viens et où je retourne, ces forteresses d'épouvante aux murailles de cuivre, où on gèle dans les fleuves de poix bouillante, où on brûle dans les lacs de glace, et où on tord ses bras dans l'angoisse de l'irréparable! Mais, que dis-je, Lucile! si une simple fille, une de celles qui, le soir, se promènent sur le boulevard, assommées et pensives, disait à un de ces prétendus insurgés la vingtième, la centième partie de ce qu'elle sait, le pauvre homme en deviendrait pâle comme un Pierrot mort, et ses cheveux convulsés et hérissés deviendraient aussi blancs que la neige!

— Ainsi, dit madame Addes, dans le monde des féroces plaisirs et des voluptés interdites, il n'y a rien autre chose que des souffrances?

— Si, dit Jeanne Delfaut, il y a quelque chose de trop grand et de trop immense pour être compris par les petites cervelles de tes éducateurs, et aussi par ta petite cervelle, à toi. Au delà de la vie honnête où tu es, où il faut que tu restes, il y a un lac de boue et de fange, habité par des bêtes informes, par des dragons et des hydres aux écailles livides. On y entre, on y fait quelques pas, on croit qu'on pourra revenir en arrière; ah! quelle erreur! Il faut y marcher, y marcher encore et toujours, même quand on a de la boue dans les yeux et dans les narines, et de la boue plein la bouche. Il faut qu'on y marche jusqu'à la mort, et au delà de la mort. Comme le monde des infiniment petits et des infiniment grands, il stupéfie et déconcerte nos sens. Mais où et quand finit-il, ce lac de puanteur et d'immondices? Jamais et nulle part. Il est une éternité, un infini, une immensité pareille à celle du ciel sidéral où, après les étoiles, il y a des étoiles, des étoiles, des étoiles encore, et au delà, toujours des étoiles. Ah! Lucile, j'ai été assez glacée, assez brûlée, assez torturée pour nous deux, et il faut que toi, du moins, tu sois épargnée. Aie pitié de nous! fais-nous grâce!

— Eh bien oui! dit Lucile Addes, je suis convaincue, je me sens persuadée, sinon peut-être par ce que tu me dis, du moins par la force de ton affection, par l'ardeur de ta voix, par la sincérité de ton sourire. Oui, je veux, ou du moins je voudrais t'obéir. Mais, tu le sais, je suis une lâche, une faible, une timide et, maintenant que je suis engagée avec Michel Yvanne et que je lui ai promis tout, je le sens bien, je n'aurai pas la force de ne pas tenir ma parole.

— N'est-ce que cela? dit Jeanne Delfaut. Ah! ne sois pas inquiète pour si peu de chose! Consens seulement, dis un mot, et Michel Yvanne sera supprimé pour toi. Tu n'en entendras pas parler et tu ne le reverras jamais. Pauvre enfant, mes paroles font naître l'étonnement sur ton visage; que serait-ce donc, si tu pouvais lire en moi et dans ma pensée? Une femme qui a fait ce que j'ai fait n'est une étrangère ni chez les voleurs, ni chez la police, ni dans aucune des officines où se fabrique le Hasard. Je suis chez moi dans tous les mauvais mondes, et quelquefois aussi dans le bon, et je suis armée de façon à pouvoir, quand cela est nécessaire, suppléer le Destin. Cependant, rassure-toi sur le compte de Michel Yvanne; c'est pour toi seule qu'il disparaîtra, et sans qu'il lui en coûte un cheveu de sa tête; car il serait dommage d'enlever aux arts du mal un pareil virtuose! Donc, obéis-moi; sois forte, garde ton corps et ton âme. D'ailleurs, moi aussi, je veillerai sur toi, mais de loin.

— Ainsi, dit Lucile Addes, tu m'auras sauvée de moi-même et de toutes les horreurs, et comme autrefois, quand nous étions enfants, tu es toujours ma petite mère! Jeanne, ma chère Jeanne, embrasse-moi.

Et madame Addes, avec un geste d'affection

et de reconnaissance, tendait ses bras ; mais froidement, Jeanne Delfaut la repoussa.

— Non! dit-elle, ma bouche est ordure et ne peut baiser que l'ordure. Heureusement, il n'y a rien de commun entre toi et moi.

— Mais, dit Lucile, dont les yeux s'emplirent de larmes, quand te reverrai-je?

— Jamais, dit Jeanne, car ne pas se montrer, c'est la seule politesse que puissent faire la Lèpre et la Peste! Je te crois décidée à rester une honnête, une vraie femme; et si tu as ce courage, j'espère que tu mériteras de ne me revoir jamais.

XXI

LE CIGARE

— Ainsi, jamais?... dit madame Valérie Nisson à son amie Rose Martinole.

— Non, répondit madame Martinole, jamais.

— Eh bien! dit madame Nisson, tu es certainement armée d'une vertu formidable entre toutes ; car, de tous les hommes qui existent sous le ciel, monsieur Ernest Martinole est sans doute celui qui a le plus mérité d'être...

— Et pourtant, dit Rose Martinole, il ne l'est pas.

— Et comment cela se peut-il? dit Valérie. Ton mari est un être abominable. Je l'ai entendu, chez moi-même, développer ses monstrueuses théories pessimistes, pratiques, scientifiques, et prêcher la commode religion de l'égoïsme. Selon lui, toute action qui n'a pas l'intérêt pour mobile unique doit être rangée parmi les aberrations romanesques et sentimentales. La lutte pour la vie, la relation entre l'offre et la demande, telles sont les seules lois qui doivent être obéies. Dans la vie sociale, comme dans l'ensemble de la création, il ne voit que le grouillement d'un tas d'animaux qui, depuis les colosses jusqu'aux microbes, se dévorent entre eux, et il n'y admet rien autre chose que des séries d'organismes naissant, se reproduisant et mourant, en vertu de certaines règles, dont souvent la formule, pour nous, reste obscure. Il érige en principe que ni le bien ni le mal n'existent, que ce sont de simples vocables et qu'on peut faire tout ce qu'on veut, à condition de supporter les conséquences de ce qu'on a fait. Pour lui, les serments ne sont que des phrases de politesse, et le mariage est une convention, comme les unités d'Aristote dans la tragédie. Il ne voit aucun inconvénient à ce qu'on s'affranchisse de tous ces liens, pourvu qu'on réussisse. Par cela seul qu'il existe, ton mari pense que toutes les femmes lui appartiennent virtuellement et que, comme Molière, il est libre de prendre son bien où il le trouve. — Mais, lui disait mon mari, si madame Martinole partageait vos idées et se croyait autorisée à suivre votre exemple ? — Dans ce cas, dit ton seigneur et maître, je verrais jusqu'à quel point sa conduite me gênerait et me serait préjudiciable, et j'agirais en conséquence.

— Oui, s'écria Rose, il est ainsi. Au commencement de notre union, je l'aimais ; il a pris soin de me signifier nettement qu'il fallait me débarrasser de ces vaines rêveries poétiques. D'ailleurs, il ne tarda pas à tuer mon affection, par ses trahisons quotidiennes encore plus sûrement que par ses cruels discours. J'eus bien vite horreur de ses baisers, qu'il me fallait partager avec les dames et les Margots ; mais il ne comprenait rien à ce sentiment si simple, qui, pour lui, n'avait aucune raison d'être. Lorsque Paris entier s'occupa de sa scandaleuse liaison avec la chanteuse d'opérette Jeannette Guillery, mon cœur se souleva, et j'osai me plaindre. Alors, très sérieusement et très tranquillement, monsieur Martinole me demanda si quelque chose me déplaisait dans l'installation, dans la livrée, dans les toilettes, dans la vie extérieure de mademoiselle Guillery, ajoutant qu'il s'empresserait de faire modifier ce dont j'aurais à me plaindre. Que voulez-vous qu'on puisse dire à des raisons pareilles ?

— Rien, répondit vivement madame Nisson. Faire sans dire.

— C'est ce que je pensai, dit Rose, et tout

de suite, sans effort, sans lutte, sans remords, sans hésitation, je devins, en pensée du moins, une femme infidèle. J'aurais voulu sans retard commettre le crime, et je l'aurais commis d'un cœur très léger, avec ravissement. Conseillée par mon bon sens de femme et par toutes les gouttes de mon sang révolté, j'avais soif du talion. Selon moi, l'ordre des choses, la vertu, la sainte vengeance, les lois de l'équilibre, l'inéluctable justice exigeaient impérieusement que mon mari fût...

— Eh bien! dit Valérie avec impatience, pourquoi ne l'est-il pas?

— Ma chère, dit Rose, après avoir été ainsi traînée dans la boue, après la triste expérience que j'avais faite, j'avais besoin d'être débarbouillée avec la plus pure ambroisie. Nul à peu près ne pouvait me suffire, je voulais être adorée pleinement, ardemment, exclusivement et toujours, toujours surtout! et cela va sans dire, par un homme qu'il me fût possible d'aimer. Cet être d'exception, qui devait être façonné à l'image même de mon désir, je ne tardai pas à le rencontrer dans le monde. Tu le connais, c'est Paul Adan, ce héros fier, doux, énergique, dont l'allure élégante et le visage cuit par le soleil d'Afrique donnent l'idée des plus beaux bronzes de la Renaissance. Tu connais la caresse de son regard, le charme prestigieux de sa voix, et cette éloquence de poète avec laquelle il peint, évoque et fait voir tout ce qu'il veut, et vous force à le suivre dans son souvenir et dans son rêve. En même temps que moi, il fut frappé du même coup de foudre, qui est l'amour même ; il ne vécut, ne respira plus que pour moi, et nous n'eûmes même pas besoin d'échanger des regards pour savoir que nous nous aimions. Enfin, Paul Adan me fut présenté, me parla ; il m'entraîna à travers les plus féeriques enchantements, répondant, comme la voix d'un écho, à mes plus intimes pensées ; mais jamais, ni ce jour-là ni les autres, il ne m'adressa un mot de galanterie.

Oh ! comme j'admirai sa discrète et subtile délicatesse ! Il voulait me mériter, s'emparer de moi, faire vibrer toutes les fibres de mon cœur ; mais il ne voulait rien solliciter ni demander ; il voulait m'éviter tous ces lieux communs de l'amour qui, même charmants, sont horribles, et qui ne doivent pas être figurés par des paroles, si ce n'est dans l'*Intermezzo* ou dans *le Cantique des Cantiques!* Et moi, cependant, je concevais le projet d'égaler et, peut-être, de surpasser son désintéressement et sa bravoure. Un jour, sans qu'il m'eût rien demandé, sans que je lui eusse rien promis, je voulais entrer chez lui, inattendue, tomber dans ses bras, et lui dire: Me voilà! Oui, j'y étais bien résolue, je savourais par avance cette minute délicieuse, et pourtant je me plaisais à prolonger les heures pendant lesquelles Paul Adan se donnait à moi sans que je me fusse donnée à lui, et sous mes pieds, comme un tapis de pourpre, mettait son âme.

Et j'admirais la variété, l'agilité, la richesse incroyable de son esprit, m'enivrant de sa rapidité à tout comprendre, à tout raconter, à tout peindre, sans noter des circonstances dont alors la similitude m'échappa, mais que, plus tard, je devais grouper et rassembler dans mon souvenir. Si Paul Adan voulait vous montrer quelque site ou quelque scène de la vie, jadis vus dans ses voyages, il le faisait avec une incomparable magie ; mais si, une autre fois, on voulait le ramener sur le même sujet, il ne savait plus ou ne voulait plus savoir de quoi il était question. A une soirée chez la comtesse de Brucamps, une jeune cantatrice de Prague, mademoiselle Czermak chanta un air bohémien, si amoureux, si étrange, si divinement triste, qu'elle excita dans toute l'assemblée une émotion profonde et douloureusement voluptueuse. Placé très près du piano, Paul Adan écoutait avec tant de passion et d'intensité qu'il semblait sentir, vivre, penser lui-même tout ce que pleurait et racontait la musique. Mais tout à coup, et à mon grand étonnement, comme mademoiselle Czermak en était à peu près à la moitié de son air, sans déranger personne, et d'un pas léger, Paul Adan passa dans un salon voisin, où je pouvais parfaitement le suivre des yeux. Alors, nullement ému, tranquille, ne pouvant cependant ne pas entendre, il cessa de s'intéresser à la chanson et parut l'avoir oubliée complètement. Pour rester dans le même ordre d'idées, un autre jour Paul Adan me parla d'un livre de poèmes récemment paru, dont il me raconta les inventions, les figures, les rimes, les sonorités même, de façon à me donner une furieuse envie de lire tout de suite ces vers. Très peu de temps après que Paul m'eut quittée, j'allais envoyer acheter le livre, lorsqu'on m'apporta de sa part l'exemplaire qu'il avait lui-même lu.

Je me mis à dévorer les vers qu'il m'avait si bien décrits; mais, arrivée à la page 121, je vis avec un profond étonnement que le volume n'avait pas été coupé plus loin, et que, par conséquent, Paul Adan avait négligé de lire les deux cent trente-neuf dernières pages. Comment expliquer avec vraisemblance que son admiration, si exaltée, fût morte justement à cet endroit-là? Cependant, comme je te l'ai dit, malgré la succession de ces faits si expressifs, je ne devinais pas encore l'esprit de changement et la versatilité d'âme qu'ils indiquaient. Plus que jamais, je caressais mon cher projet, et je me promettais de faire à mon ami la surprise que j'avais méditée, celle de tomber chez lui comme la foudre, comme le bonheur et, avant qu'il ait eu le temps de dire un mot, de me donner toute! Mais, ma chère, mes yeux furent dessillés par une fable en action que je pus voir jouer sous mes yeux, dont la morale était claire, et à laquelle il ne manquait rien, que les vers de La Fontaine!

Par un des premiers beaux jours du printemps, je me promenais au Bois, seule dans ma voiture. Une douce brise, des parfums de feuilles et de lilas, des clairs rayons dorés d'un jeune soleil, encore un peu emmitouflé, d'élégantes et amusantes figures parisiennes aussi bien triées par le hasard que si on les eût choisies, faisaient de cette matinée quelque chose d'exquis, de doux et de réconfortant. A un moment où je regardais distinctement à la portière, je vis, comme venant vers moi et marchant lentement sur le trottoir des piétons, Paul Adan, qui ne me vit pas. Gai, ayant l'air heureux comme le temps, et, montrant sur son visage une expression voluptueuse et tranquille, mon ami fumait un cigare blond, doré, évidemment excellent, à la fumée tendrement bleue, aux cendres blanches. Il était impossible de douter que Paul, ayant déniché cet objet exquis et rare, ne lui dût un extrême plaisir. Cependant, à un moment donné, — suis-moi bien ! — rien d'extraordinaire ne se produisit, ce qui était si bon ne cessa pas d'être bon, car Paul Adan ne fit pas une imperceptible grimace, pas un muscle de son visage ne se crispa, douloureusement affecté ; mais sans raison, sans prétexte, sans motif quelconque, et dans l'instant même où il semblait se régaler le plus avidement, Paul Adan ôta le cigare de ses lèvres et le jeta dans le sable de l'allée.

O ma chère Valérie, j'étouffai tout, mon amour, mes espoirs, mon projet hardi, car j'avais vu là ma destinée représentée fidèlement. Moi aussi, en demeurant telle que je suis, en ne cessant pas d'être belle et enviable et enivrante et amoureuse, si je me donnais, il arriverait un moment où je deviendrais ce que l'ignoble argot des magasins nomme : l'objet qui a cessé de plaire, et je serais dédaigneusement arrachée des baisers et des lèvres, et jetée dans la boue comme un cigare !

— Mais, chérie, dit madame Nisson, as-tu bien fait de lancer au loin ton bouclier, et de déserter avant la bataille? Les fables, même réelles, sont de pures allégories, et ne se piquent pas toujours d'une vérité matérielle. N'as-tu pas attaché trop d'importance à une circonstance peut-être frivole. Tous les jours on jette un cigare à moitié fumé...

— Oui, dit amèrement Rose, et tous les jours aussi on jette une femme à moitié aimée ! Oh ! pourquoi cet abominable désaccord entre ce qui existe et ce que nous avons raison d'exiger? Si nous voulons, avec tant de justice, être aimées toujours, et si les hommes ne peuvent aimer que cinq minutes, l'état de femme n'est-il pas inférieur à celui d'un chien battu?

— Ne désespère pas si vite ! dit Valérie, car enfin, les choses ne peuvent se passer ainsi. Quand même nous verrions dans l'air des signes sanglants, quand les fleuves remonteraient leur cours, et quand le ciel tomberait sur nos têtes, la justice est la justice, et il est de toute nécessité que ton mari soit...

— Hélas ! dit Rose.

— Et qui sait? ajouta madame Nisson, peut-être rencontreras-tu enfin un homme aussi beau, aussi enthousiaste, aussi discret que Paul Adan, mais qui saura parler deux fois de la même chose, et qui consentira à fumer les cigares jusqu'au bout!

XXII

DES JOCRISSES

Dans le boudoir, assises à une petite table, les dames Brusse achevaient un joli déjeuner de femmes, composé de petites truites de source aux taches roses, de côtelettes de vrai pré-salé et d'une omelette aux queues d'écrevisses. Le dessert étant servi et la femme de chambre congédiée, la vieille dame aborda enfin la question brûlante.

— Oui, ma chère enfant, dit-elle, sur les conseils de mademoiselle Séraphine Chagnon, du Café des Ambassadeurs, mon pauvre Antoine en est venu là ! Il s'est arrangé avec une agence interlope, il a mis les pieds dans un de ces antres boueux et graisseux, et il va te faire suivre, dans le sot espoir de constater un flagrant délit.

— Et vous, madame, dit la jeune madame Estelle Brusse, vous avez la bonté de m'avertir, de me mettre en garde, de me montrer les pièges qui me sont tendus !

— Certes, ma chère Estelle, dit madame Suzanne Brusse, et, en pareille circonstance, c'est ainsi qu'une belle-mère doit agir, sous peine de devenir une horrible mère. Ah ! mon fils, en tant que mari, eût mérité tous les malheurs, car il mène une vie de polichinelle, joue son argent et le vôtre, et gaspille sa dernière jeunesse avec des demoiselles tristement folâtres, peintes sans aucun souci de l'harmonie. Cependant, je crois que vous n'avez pas trompé votre mari ; j'espère que vous ne le tromperez pas, pour l'amour de vos enfants, un peu pour l'amour de moi, et surtout par respect pour vous-même. Car, en somme, rester d'honnêtes femmes, c'est encore le moyen le plus net et le plus précis que nous ayons de ne pas ressembler aux drôlesses.

— Ah ! madame, dit Estelle Brusse, je veux être toujours digne d'être appelée par vous : ma fille.

— A la bonne heure, dit madame Suzanne, et maintenant convenons de nos faits, de façon que la demoiselle Chagnon en soit pour sa courte honte. Guidé par elle, ton mari s'est adressé, rue Maubuée, à l'agence Chouc et Bernardy. A tort certainement, on a cru savoir qu'après-demain, à une heure, tu sortirais de chez toi pour te rendre à pied à un rendez-vous, et à la porte de ta maison seront apostés l'agent Rougelot et son camarade Gonchon. Tu les reconnaîtras à leur laideur surnaturelle et à leurs vêtements indécents ; car le plus propre des deux, autour duquel flotte une chevelure mérovingienne, est habillé d'une polonaise à brandebourgs! Tu pourrais me demander comment je sais tout cela ; mais, chère fille, j'ai ma police ou, si tu l'aimes mieux, mon petit doigt, qui me dit tout.

— Ah! fit Estelle Brusse, le bon, le cher, le rusé, l'excellent petit doigt!

— Eh bien! reprit madame Suzanne, pour te défendre contre ces bandits noirs de crasse et de crimes, tu as ta finesse de femme, ton agilité, ton regard rapide, c'est-à-dire plus qu'il n'en faut. Mais tu ne manqueras pas des autres secours. Deux hommes plus roués que Scapin, et cependant d'une probité rare, mon notaire et mon avoué (qui ne sont pas ceux de mon fils!) ont été prévenus de ta visite possible et, si tu le désires, te conseilleront avec une irréprochable sagesse. S'il y a quelque petit rôle à jouer, ta femme de chambre Aglaure, qui est amoureuse et veut une dot, et qui t'aime fidèlement, s'en acquittera comme une soubrette de la Comédie. Enfin, comme c'est le devoir de toute Parisienne, duchesse, bourgeoise ou autre qui, même par le plus froid décembre, ne veut pas être prise sans vert, j'ai à ma disposition, c'est-à-dire à la tienne, une illustre marchande à la toilette, la célèbre Chavernas, une filandière qui sait emmêler, démêler et dévider tous les écheveaux du diable. Elle connaît Paris et tous les êtres vivants comme les connaissait Balzac; elle a sous ses tas de chiffons et de magnifiques étoffes royales tous les documents, toutes les paperasses, et si on lui demandait des autographes de Xerxès et d'Aménophis, elle en vendrait. Maintenant va, ma chère fille, fais de ton mieux, marche de ton petit pied hardi sur les nœuds de serpents, et souviens-toi que la femme, même si elle a tort, doit toujours avoir raison.

— Eh! dit Estelle en se levant pour partir et en embrassant madame Suzanne Brusse, de quoi ne triompherait-on pas, étant soutenue et conseillée par une mère comme vous?

Le surlendemain, à une heure précise, par une belle journée de soleil, Estelle sortait à pied de chez elle, rose, élégante, souriante, vêtue d'une jolie toilette grise à toutes fins, qui, dans la lumière, devait briller comme la robe d'un lézard, et qui, dans la pénombre, permettait à l'aimable Parisienne de se dissimuler comme une souris. Non loin de sa porte, elle vit, immobile comme des cariatides, les agents Rougelot et Gonchon qui, pour tromper les ennuis de l'attente, dévoraient chacun une tranche de pain, sur laquelle avaient été jetées, à titre de gourmandise, quelques gouttes de vin couleur de lie. Ces deux artistes marchèrent l'un devant, l'autre derrière madame Brusse, en l'observant avec une attention minutieuse. Mais l'un d'eux, l'homme à la polonaise, Rougelot, ne tarda pas à être semé en route, comme une fleur; car, au coin de la première rue, il perdit la piste, et se mit à suivre la femme de chambre Aglaure qui, vêtue d'une toilette exactement semblable à celle de sa maîtresse, et d'ailleurs élégante et svelte comme elle, composait à ravir son personnage de ménechme. Toute la journée elle entraîna, emporta l'espion à travers Paris, et il était nuit noire depuis longtemps déjà, lorsqu'elle le perdit enfin, affamé et stupéfait, sur un des talus des fortifications.

Quant au second observateur, son destin fut autre. Comme son compagnon venait de disparaître et comme il le cherchait des yeux, sans perdre de vue la proie convoitée, un gavroche aborda Gonchon et s'enfuit, après lui avoir mis dans les mains une enveloppe fermée et cachetée. Tout en regardant et suivant madame Brusse, l'agent ouvrit le pli, dans lequel étaient contenus cinquante francs en or, avec un papier portant écrits ces mots : *Offert à Isidore, par amour*. Gonchon se nommait, en effet, Isidore ; mais qu'une femme pût être folle de lui au point de faire en sa faveur une semblable prodigalité, voilà ce qui dépassait la limite de ses rêves. Jamais Gonchon n'avait vu cinquante francs ; subitement, avec une horrible commotion cérébrale, il comprit que Paris était à lui, tous les vices, toutes les ivresses, toutes les folies, toutes les femmes ; il eut en un instant les pensées du vieux Tibère ou du jeune Héliogabale. Une noce effrayante, grande comme le monde, dont il serait le convive unique et l'unique marié, dansa devant ses yeux et alors, ah ! comme il eut besoin de s'accrocher au sentiment du devoir, pour ne pas planter là sa faction, la dame suivie, l'agence Chouc et Bernardy, et tout le tremblement, et pour ne pas se répandre éperdument dans toutes les mangeries et dans toutes les Cythères !

Mais cette lutte surhumaine ne dura pas longtemps ; car tout à coup, tandis que ce Tantale levait ses yeux vers le ciel, pour le prendre à témoin de sa prodigieuse vertu, madame Estelle Brusse disparut, comme une muscade subtilement escamotée. Elle était tout bonnement entrée dans la cour assez sombre d'une maison, et s'était collée, toute droite, dans l'encoignure de la porte cochère. Gonchon entra par cette même porte, regarda et ne vit rien, après quoi, assez consciencieusement, il chercha la dame aux alentours. Mais ne la trouvant décidément pas, il en prit son parti avec une résignation révoltée, et s'abandonna aux vices qui le traînaient par les cheveux, sans plus se soucier de ses féroces patrons que d'une vieille pantoufle. Quelques heures plus tard, rue Maubuée, après avoir gravi un escalier où croissaient des champignons, madame Estelle Brusse, toujours souriante et nullement lasse, entrait à l'agence.

Un jeune gamin, bossu, chargé de garder l'antichambre, voulut lui barrer le passage ; mais l'ayant stupéfait au moyen d'une pièce de cent sous, la jeune femme pénétra dans le cabinet d'affaires où elle vit, assis l'un en face de l'autre au même bureau, Chouc et Bernardy, très dissemblables, et cependant pareils. Blond, chauve, maigre comme un clou, Chouc offrait une apparence spectrale, tandis que, gras, rouge, obèse, coiffé d'une chevelure de nègre, Bernardy étalait la corpulence d'un Falstaff qui serait du Midi. Mais tous les deux étaient vêtus, l'un comme l'autre, de robes de chambre qui, sous la crasse, imitaient encore le cachemire français, et ornés de cravates roses.

— Messieurs, dit la visiteuse, je suis madame Estelle Brusse, et je viens vous faire mon rapport sur l'agent Gonchon.

— Hein ! dit Chouc, que...

— Signifie ? ajouta Bernardy.

— Écrivez, dit impérieusement la dame, en jetant sur le bureau un billet de mille francs, qui fit passer par toutes les couleurs du caméléon le visage de Bernardy et celui de Chouc. Et elle ajouta : — De monsieur Gonchon et de moi, je ne sais lequel était chargé de suivre l'autre. Mais enfin, comme il ne m'avait qu'imparfaitement suivie, j'ai pris, moi, le parti de le suivre, et voici exactement ce qu'il a fait. D'abord, il s'est arrêté à d'innombrables comptoirs de marchands de vin, de distillateurs et de liquoristes, où il a mangé et bu force prunes, marrons, cerises, verres de bière, de vin rouge, de vin blanc, d'eau-de-vie, de cassis et de liqueurs des îles. Puis, il a acheté un pain de quatre livres, qu'il a fait fendre en deux, et dans lequel le charcutier a inséré, du haut en bas, des côtelettes panées. Puis, après avoir dévoré cet en-cas et bu un litre, monsieur Gonchon est entré dans ce que j'appellerai, par euphémisme, un bateau de fleurs d'où, après un temps moral, ou immoral, il est ressorti ivre-mort, en loques, avec un œil poché et le visage en sang.

— Mais, dit Bernardy, comment Gonchon aurait-il pu faire cela, et avec quel...

— Argent? dit Chouc.

Mais à ce moment-là même, l'agent, tel qu'il venait d'être décrit, entra en hurlant le *Bi du bout du banc*.

— Misérable! dit Chouc, va te coucher dans ta...

— Soupente, dit Bernardy.

— Messieurs, dit madame Estelle Brusse, vous épargnerez ce fantoche, car je vous l'ordonne, et vous m'appartenez. Je vous ai donné tout à l'heure un très bon billet; mais dans ma main j'en ai un autre fabriqué par monsieur Bernardy, et, par distraction sans doute, signé d'un nom qui n'est pas le sien.

— Ah! madame, dit Bernardy, qu'exigez-vous pour nous rendre ce...

— Papier? dit Chouc.

— Rien du tout, dit madame Brusse; je ne tiens pas particulièrement à celui-là, et j'en ai d'autres.

Le lendemain, costumés en riches étrangers, comme lorsqu'ils allaient en ville, les deux artistes rendaient leurs comptes à monsieur Antoine Brusse.

— Ah! monsieur, dit Chouc, nous ne voudrions pas, sans nul doute, vous voler votre argent, et madame Brusse ne sort que pour ses aumônes et ses bonnes œuvres. La personne qui vous l'a dénoncée a, involontairement, je l'espère, calomnié la vertu...

— Même, dit Bernardy.

— Mais alors, dit monsieur Brusse, que me voulait donc ma bien-aimée? Je veux dire cette grue de Séraphine Chagnon. Ah! j'y suis! c'est sans doute Tatius, son chanteur comique à travestissements, qui lui aura encore fait des traits avec Amanda. Quand cela arrive, elle a tous ses nerfs, elle vend des diamants comme s'il en coulait dans l'eau de la Vanne, et elle devient méchante comme la gale. Tenez, pour un peu, c'est elle, à présent, que j'aurais envie de vous faire suivre.

— Ah! monsieur, dit Bernardy, pour cela ce n'est pas des agents qu'il faudrait : ce sont des clowns! Car vouloir *observer* mademoiselle Chagnon, ce serait monter sur les toits pour y suivre une chatte...

— Amoureuse, dit Chouc.

XXIII

ARCHIBALD

Le poète Gabriel Ram quitta son tout petit grenier, situé rue Cassini, grand comme un mouchoir de poche, mais orné d'une fenêtre, ouverte sur des jardins antiques. Il sortit sans autre intention que de travailler en se promenant, de se promener en travaillant, et de se rendre utile en composant des vers lyriques. Tout d'abord, il savoura avec une irréprochable gourmandise son déjeuner de chaque matin, dont le menu, toujours semblable à lui-même, comportait un pain d'un sou et une tasse d'eau bue à la fontaine Wallace.

Lorsque, par un beau matin de mai ensoleillé, Ram entra dans le Luxembourg, ce fut une véritable explosion de joie parmi les oiseaux, les feuillages, les fleurs, les canards japonais et les cygnes, tous ivres de joie de voir un jeune homme si beau. En effet, ce rimeur ressemblait à un Hamlet qui serait joyeux. En l'admirant, on pouvait croire qu'après avoir pétri les anges, le grand Statuaire, ayant un peu d'argile de reste, l'avait employée, par esprit d'ordre, à modeler un homme revêtu d'une figure angélique. Un promeneur, jetant des mies de pain autour de lui, à la volée, attirait une foule d'oiseaux, qui venaient se poser sur ses doigts, sur ses longues mains, sur son front ; et le poète, mais sans avoir besoin de mies de pain, exerçait le même charme sur d'autres oiseaux également familiers, les rimes, suffisamment heureuses de se rassembler entre elles, dans le rayonnement d'une pensée caressante et dominatrice.

Mais bientôt Gabriel Ram eut comme l'impression d'avoir vu et de voir une tache, un éclat, une note délicieusement écarlate. Enchanté, il suivit ce ton qu'il avait dans les prunelles, sans se demander par quoi il était justifié, et ce qu'il était. Car le rimeur, estimant que le rouge est toujours un bienfait et qu'on n'a jamais assez d'occasions d'en voir, se garda bien d'approfondir et de chicaner son bonheur. Sans aucun de ces raisonnements qui abêtissent les philosophes, il suivit docilement la tache rouge. C'est ainsi qu'il parcourut la rue de l'Ancienne-Comédie, la rue de Seine, les quais et que, finalement, il se trouva avoir grimpé sur la plate-forme de l'une des tours de Notre-Dame. Ah! ne cherchons jamais à comprendre! En réalité, l'objet rouge, deviné ou entrevu, était simplement la robe de mademoiselle Alice, fille du riche financier Joannon. Mais notre pipeur d'oiseaux aurait-il gagné quelque chose à le savoir?

Sur la plate-forme, il y avait très peu de monde et pas de gardien; Ram crut pouvoir rouler et allumer une cigarette. Alors s'approcha de lui un étranger, qui lui demanda du feu, et la désagréable désinvolture de cet inconnu affecta douloureusement le poète. Mince et maigre jusqu'à la déraison, étroitement serré dans un vêtement quadrillé qui semblait peint sur sa peau, portant une sacoche en bandoulière, coiffé d'un chapeau d'étoffe, ce touriste montrait un visage aquilin, caduc, affaissé, flétri, strié, égratigné de rides épouvantables, dont les réseaux ressemblaient à une carte géographique. En revanche, une soyeuse chevelure couleur d'or, une jolie barbe naissante, qui eussent convenu à Chérubin grandi ou à don Juan enfant, et de belles dents de jeune fille, pareilles à des perles, ornaient ce visage, de façon à dérouter l'esprit et à compléter la plus abominable discordance qui pût désoler une âme délicate. Bien qu'attristé par ce ridicule spectacle, Gabriel Ram fit ce qui lui était demandé, et tendit sa cigarette. Mais à peine eut-il été allumé, le cigare de l'étranger se trouva immédiatement consumé et réduit en cendres. Et il en fut de même de tous ceux qui le suivirent; ils brûlaient jusqu'au bout, en moins d'une demi-seconde. Cependant cet étrange fumeur avait pris soin de se présenter lui-même.

— Monsieur, dit-il à Gabriel Ram, Archibald Pallock, fabricant de fourneaux et de grils, à Birmingham. — Et il ajouta, comme avec une mélancolie résignée : il faut toujours beaucoup de grils! J'en confectionne un grand nombre et j'en emploie, pour mon propre usage, une assez importante quantité.

Le poète salua, sans manifester pour l'industriel une sympathie qu'il n'éprouvait pas, ce qui se comprend du reste. En effet (car, en tant que narrateur, comme en tant que simple lecteur, j'ai horreur des surprises,) le prétendu Archibald Pallock n'était autre que le démon Satan, venu en villégiature à Paris, afin de s'y procurer une âme distinguée et délicate, dont il avait besoin pour ses expériences scientifiques. Mais, pour la commodité du récit, laissons-lui le nom dont il lui avait plu de s'affubler. Car Satan n'est vraiment lui-même que dans certaines circonstances définies, c'est-à-dire lorsqu'il se montre sous l'éclatant habit de cour, orné des colliers, des insignes, des rubans et des plaques de tous ses ordres.

— Monsieur, reprit donc Archibald, excusez-moi de vous avoir abordé peut-être un peu cavalièrement. Mais, monsieur Gabriel Ram, car vous n'êtes pas un inconnu pour moi, j'ai eu occasion de lire, dans la revue intitulée : *Le Passant,* plusieurs de vos ouvrages. Et je ne crains pas de le dire avec certitude, vous êtes, sans contestation possible, le plus grand poète de ce siècle.

— Quoi! dit Ram avec un fin sourire, au-dessus de Hugo, de Lamartine, de Henri Heine, de Leconte de Lisle, de Baudelaire...

— Oui, dit Archibald, énormément au-dessus. Non, tous ceux-là, et d'autres que vous pourriez nommer, ne vous vont pas à la cheville.

— Oh! monsieur Pallock, dit Gabriel Ram, je serais heureux et tout à fait enchanté de vous croire. Car, si je vous croyais, j'aurais le droit de porter la perruque au-dessus de laquelle voltige, au bout d'un fil d'archal, le papillon symbolique, et de me costumer en Jocrisse; c'est-à-dire de porter un habit rouge, sans être cardinal, juge ni professeur, ce qui me semble être le but le plus élevé que puisse viser l'ambition humaine.

— Ah! dit Archibald, je donnerai à la vôtre des pâtures bien autrement appétissantes! Mais parlons le cœur sur la main, et jouons cartes sur table. Mes longs séjours dans l'Inde, mes relations avec les brahmes, devenus supérieurs aux Dieux par la pénitence, m'ont permis de pénétrer les secrets qui font obéir la nature et qui terrifient le chœur silencieux des Étoiles. — Tenez, ajouta-t-il en s'appuyant sur la balustrade et en étendant le bras, vous voyez bien ce Paris, coupé en quadrilatères et baigné par le fleuve, qui, d'ici, ressemble si parfaitement à ces réductions de villes exposées sous verre dans les musées, posées sur une grande table, avec les constructions en liège colorié, les arbres représentés par des copeaux frisés et passés au vert, et les cours d'eau imités par des morceaux de miroirs disposés à souhait pour le plaisir des yeux?

— Oui, je le vois, dit Gabriel Ram.

— Eh bien! dit Archibald, cette ville d'amour, de génie, de faste, de misère; cette ville, Babel, paradis, forge, lumière, enfer, ville de toutes les clartés, de toutes les épouvantes, de tous les ravissements; ce Paris, avec ses pompes, avec ses trésors, avec ses milliers de femmes, si vous le voulez, je vous l'offre, je vous en fais maître, je vous le concède gratuitement, je vous le donne.

— Mais, dit Gabriel Ram, Paris est à moi déjà ; car j'ai des pieds pour le parcourir, des yeux pour le voir, une intelligence pour le comprendre, une âme patriote pour l'aimer. Il m'appartient même à titre de modèle, de motif, de sujet descriptif ; et, si j'en avais le talent, rien ne m'empêcherait de le faire revivre en des peintures ardentes et sincères. Voulez-vous dire que je posséderai Paris matériellement et au pied de la lettre? Mais alors, qu'en ferais-je? Car je ne puis, en vérité, le faire encadrer, ni l'étaler sur ma chemise comme une épingle de cravate. Il me serait difficile d'enfermer seulement dans mon porte-monnaie tout l'argent qui ruisselle à la Banque de France, ni de serrer à la fois dans mes bras une grande quantité de femmes diverses, ni même, comme on le dit proverbialement, de manger à la fois deux biftecks.

— Laissons là ces vaines arguties, dit Archibald. Vous, un lettré, un délicat, un maître, un Cellini de la rime, qui devriez avoir tout et qui n'avez rien, n'êtes-vous pas indigné de ce qui se passe? Le roman de Génique, publié par l'éditeur Edgar Collinet, en est à son deux cent soixante-quinzième mille!...

— Seulement! dit Ram, avec un étonnement ingénu.

— Eh! dit Archibald, les scandaleux succès que remporte ce sabotier, n'est-ce pas vous qui mériteriez de les obtenir?

— Monsieur, dit Ram, si jamais, par une série de circonstances qui, je crois, ne sauraient se produire, il arrivait que quelques-unes de mes poésies fussent imprimées, je me contenterais fort bien de douze lecteurs.

— Voyons, dit Archibald, dont un rayon de soleil caressa la douce chevelure blonde et en même temps alluma les rides atroces, ne faites pas l'enfant! Je vous le répète, rien ne me coûte, rien n'est trop cher, je vous donnerai tout ce qu'il vous plaira. Demandez, faites-vous servir! Voulez-vous des documents, pour faire un roman *à clef*, où tout le personnel parisien sera écorché, troussé et habillé, comme une anguille? Voulez-vous faire une pièce de théâtre, qui restera trois mille soirs de suite sur l'affiche? Je puis vous fournir un *truc*, une transformation, un *clou*, dont le plus intelligent des directeurs restera stupéfait. C'est une petite souris, qui se change en une frégate à vapeur, laquelle frégate à vapeur, d'abord avalée par une baleine, devient ensuite une corolle de fleur aménagée en boudoir, et dans laquelle une demoiselle en or raconte à un cygne de diamant des histoires à mourir de rire. Voulez-vous épouser mademoiselle Alice Joannon, dont vous avez suivi la robe rouge et qui, en ce moment même, paraît sur la plate-forme? J'ai des secrets pour vous faire aimer d'elle, et son père ne possède pas moins de vingt millions. Voulez-vous être riche, illustre, glorieux, connu comme Napoléon.

— Ah! dit Gabriel Ram, comme mon ambition va bien plus loin et plus haut que tout cela! Je voudrais, après avoir longtemps peiné, travaillé et appris mon art, arriver, un jour, à écrire dix bons vers de suite!

— Par Saint-Mahom! dit Archibald furieux, c'est par trop d'enfantillage! Qui peut vous pousser à entasser des lignes courtes, au bout desquelles se reproduisent symétriquement des sons identiques, et par quelle idée puérile vous amusez-vous à cela?

— Monsieur, dit Gabriel Ram, c'est que je songe à — LA LYRE!

En entendant ce mot, qui ne saurait être prononcé en vain, Archibald Pallock fut visiblement en proie à une horrible souffrance. D'abord, il se décolora complètement; puis, passant par toute la gamme des gris, il devint d'un gris foncé pareil au granit, et se précipita par-dessus la balustrade. Mais ne voulant pas tomber sur le pavé de la place, de peur d'être remarqué, il s'accrocha au monument, où il resta attaché en qualité de gargouille.

Gabriel Ram s'en alla, tranquille comme à son ordinaire ; mais on ne fréquente pas certaines personnes sans subir un peu leur influence. C'est ainsi qu'après avoir causé avec Archibald, le poète sentit s'éveiller en lui des aspirations de volupté, auxquelles il s'abandonna. Comme l'heure de son dîner était venue, il fit un grand trajet pour acheter à la meilleure boulangerie viennoise un pain, non d'un sou, cette fois, mais de deux sous. Il garda même un morceau de la mie, et, le lendemain matin, le posa sur le bord de la fenêtre ouverte ; car il avait résolu de se donner chez lui un concert de musique. En effet, beaucoup d'oiseaux vinrent, chantèrent délicieusement, et Ram put se convaincre que ces petits compositeurs, appliquant les théories des nouvelles écoles musicales, se plaisent au développement persistant de l'idée mélodique.

XXIV

PAS CHIC

Un peu avocat, un peu journaliste, d'ailleurs svelte et mince, extrêmement spirituel et suffisamment brave, Paul Ivray arrivait, par une série non interrompue de prodiges, à faire plus envie que pitié et à mener une vie large, en apparence du moins. Non avec l'aide du peu d'argent qu'il gagnait et des dix mille francs de rente qu'il avait hérités de sa mère, mais parce que, relativement à son peu de fortune, il était un des hommes les plus *chics* de Paris. Vêtements, ameublements, relations, manière d'être, tout en lui était incontestablement *chic*. Mais quel effroyable travail, à décourager l'illustre esclave d'Eurysthée ; car, pour arriver à ce résultat, ne faut-il pas un génie inépuisable et une patience de toutes les minutes?

Pas un habit ridicule imposé par la mode que Paul Ivray ne sût porter avec une grâce irréprochable et heureuse, et dont il n'adoptât les exagérations avec des élans de joie. D'après la coutume, déjà relativement ancienne, qui supprime les ridicules professionnels et les remplace par d'autres, le cabinet d'avocat de Paul Ivray était exclusivement encombré de tapis, de dieux féroces, d'objets venus du Japon, de la Chine et du Tonkin, et on y eût trouvé assez d'armes barbares pour organiser une guerre dans l'extrême Orient. Le matin, Ivray se promenait au Bois sur un cheval très convenable : d'où avait-il pu le tirer? Le reste du temps, il se montrait partout où un Parisien doit être pour obéir aux préjugés, adorés comme les dieux à têtes d'oiseaux, dans l'ancienne Égypte. Aussi et surtout, car là commence le *chic*, il était dans tous les endroits où on ne peut pas être. Dans le faubourg Saint-Germain, il était admis dans les salons où on ne reçoit que des ducs, et si une célèbre courtisane donnait chez elle une réunion exclusivement consacrée à des êtres mystérieux, vivant en dehors de tous les mondes, même les plus mauvais, Ivray trouvait le moyen d'en être, à titre exceptionnel. Aux réceptions de l'Académie, il savait être placé mieux que les ministres, les diplomates et les femmes d'académiciens. Si un auteur dramatique, jaloux (ô Shakespeare!)

de garder son secret, organisait une répétition générale à un huis tellement clos qu'il en chassait même le directeur, Ivray était là comme chez lui, commodément installé aux fauteuils d'orchestre, en vertu d'un droit d'autant plus imprescriptible qu'il ne reposait sur rien.

Ivray avait soigneusement recuit, refondu et épuré son âme, et il en avait éliminé sans faiblesse tout ce qui n'était pas *chic*. Les hommes politiques, les poètes, les financiers, les richissimes Américains lui disaient : Nous autres! tous l'admettant ainsi d'emblée dans leur franc-maçonnerie spéciale, et aucun des états-majors de la civilisation ne le traitait comme un pékin. Si un souverain passait à Paris dans le plus strict incognito et sans recevoir personne, il recevait cependant Paul Ivray. Pourquoi? Il eût été aussi difficile de le savoir qu'il est difficile de savoir pourquoi le hareng est le plus intrigant de tous les poissons. Certes, pour visiter l'Exposition de peinture, notre avocat n'eût pas attendu qu'il fût question de vernissage dans un avenir plus ou moins lointain. En pleine ordure, en pleine poussière, en plein balayage, il s'y promenait, vêtu d'un costume clair, et recevait en plein visage les balayures, sous le regard stupéfait des autorités éperdues.

Mais c'est surtout en fait de femmes et d'amour que Paul Ivray avait domestiqué son cœur et lui avait imposé silence, comme à un chien familier. Sans jamais se permettre une fantaisie ou un goût personnel, il aimait où et comment la mode lui ordonnait d'aimer, avec la docilité d'un soldat qui obéit à son chef. Dans le monde, il avait eu les bonnes fortunes réglementaires et pour les dames illustres dont l'attention bienveillante suffit à classer un homme, il avait su rajeunir les lieux communs de la passion, avec une science exacte et précise de la poétique féminine. Mais dans le troupeau bêlant et hurlant de la galanterie, dès que la renommée marquait de son rouge baiser quelque nouvelle créature, Ivray s'arrangeait pour être aimé d'elle; pas longtemps, sa pauvreté ne le lui eût pas permis, mais assez longtemps pour être *chic*. A ces maîtresses d'une heure, il ne pouvait pas toujours donner des liasses de banknotes; mais il savait dénicher les marchands de bric-à-brac vivant dans les taudis, qui vendent des diamants et des vieux torchons. Il trouvait chez eux, non, comme le cousin Pons, des éventails peints par Watteau, car il n'y en a plus, mais des joyaux ou des bibelots anciens, bizarres et très offrables. Ainsi Paul Ivray, n'ayant pas un goût ni une idée ni un sentiment à lui, épouvantablement résigné, traînait et croyait qu'il traînerait jusqu'à la mort sa chaîne de forçat, il est vrai splendidement dorée, mais si lourde! Cependant qui l'eût pu croire? il fut subitement délivré, comme le Titan Prométhée, cloué sur son rocher, quand le vautour qui lui mangeait le foie fut percé par la flèche d'Hercule.

Comme tous les autres démons, la mode a des tendresses pour les êtres qui se donnent à elle franchement et sans arrière-pensée. C'est elle qui avait ordonné à Ivray d'acheter, en grande partie à crédit, des terrains sur une plage absurde, où la mer ressemble à un tableau à vingt-cinq francs, et où on cherchait en vain dans tout le pays un arbre ou une tête de salade. C'est elle aussi qui subitement rendit Ivray millionnaire, lorsque fut votée, décrétée et exécutée avec la rapidité de la foudre une nouvelle ligne de chemin de fer, qui dévora ces terrains goulûment et d'une seule bouchée. Oui, Paul Ivray empocha un bel et bon million, en billets de la Banque de France, blancs comme la neige, bleus comme l'espérance, et alors imaginez la vertigineuse joie d'un damné qui devant lui verrait s'écrouler les murailles bâties de fer et de cuivre rouge, et les citadelles de l'enfer, et devant qui se dresserait pour ses pas le mystérieux escalier bleu qui monte au ciel !

Tout de suite, Ivray eut le cerveau traversé par une idée fulgurante. Il n'était plus forcé d'être *chic*, et il ne serait plus jamais *chic !* En effet, il ne le fut plus jamais et se roula dans le bonheur de vivre comme un pourceau dans la fange, ou comme un ange dans les étoiles. Dans une vieille maison, il choisit un appartement vaste, commode, haut de plafond, s'y meubla de façon à être à son aise, eut des livres qu'on peut ouvrir, et se fit habiller et chausser par un tailleur et un cordonnier respectueux pour le corps humain. Il savoura l'orgie de dîner chez les rares traiteurs qui savent encore cuire à petit feu une viande cuite dans son jus avec des nouilles dessous, ou chez le célèbre marchand de rosbif qui, pas bête, fait venir de Londres ses grands quartiers de bœuf. Par sa propre volonté exilé des premières représentations, comme Dante fut jadis exilé de Florence, il se promit de ne plus jamais voir Sarcey ni les demoiselles qui, autrefois brunes, ont maintenant des cheveux rosés comme les cirolles des églantines, et il se tint parole. Il découvrit alors qu'il adorait le théâtre, à la condition de vivre et de s'amuser avec un public sans façon, qui ne fût pas d'élite. Il vit l'Exposition de peinture avec tout le monde, en donnant vingt sous, et regarda les tableaux qui l'amusaient, sans voir s'ils étaient vernis ou non, et sans s'inquiéter de savoir s'ils avaient jamais été vernis. Enfin, il laissa les courtisanes aux courtines, comme les roses aux rosiers, il évita les salons comme un chat échaudé évite l'eau bouillante; il n'eut plus de bonnes fortunes, ni de mauvaises non plus, et il résolut de ne plus aimer aucune femme jusqu'à ce qu'il aimât une femme. Alors il serait un mari tendre, dévoué, fidèle, bon surtout, et il ferait tous les jours exactement et consciencieusement son ouvrage de mari, avec la persistante joie que donne un travail volontairement accompli et toujours de même. Ne serait-ce pas le meilleur moyen et le plus sûr de n'être plus du tout *chic*?

Un dimanche, en traversant la rue d'Aboukir, Paul Ivray regarda machinalement la boutique du pâtissier Santerne : c'était du plus profond lointain qu'il s'en souvenait! et il se rappela alors avec quelle conscience, avec quel art de la proportion, avec quel honnête génie ce cuisinier savait ordonner des vol-au-vent, dans le temps aboli où ce mets délicieux existait encore, où il était possible de composer de vrais jus, et où les quenelles étaient réellement faites avec du poisson ou de la volaille pilée, et non avec de vagues panades. Il se le rappela, et il eut sur la lèvre un frisson de gourmandise. Certes, il lui eût été facile d'entrer chez Santerne, d'y commander son plat favori et de le faire porter n'importe où ; mais le souvenir de Paul Ivray ne s'arrêtait pas là. Autrefois, tout jeune homme, quand il n'était pas encore *chic*, ces vol-au-vent de Santerne, il les avait surtout mangés le dimanche, chez le meilleur ami de sa famille, chez le vieux Dumex, ce grand ouvrier obscur, cet admirable horloger de l'école de Bréguet qui, depuis longtemps déjà, ayant pris sa retraite, vivait paisiblement dans un calme logis de cette même rue d'Aboukir.

Paul Ivray ne put résister à son désir au flot de souvenirs qui l'assaillait, et, gravissant le vieil escalier jusqu'au premier étage, il monta chez ses amis Dumex. Rien n'avait été changé, ni les gens, ni le décor. C'étaient toujours le vieux mobilier du temps de Louis XVI, hérité de père en fils, les tables carrées et rondes, avec leurs pieds cannelés garnis de cuivre, les bergères couvertes de soie à fleurs, avec leurs sièges faits d'un coussin de plumes, les lampes Carcel avec leurs globes en champignons, les rideaux de précieuse perse antique, les gravures du siècle dernier, devenues d'un prix inestimable. Ivray retrouva, tels qu'il les avait toujours vus, Dumex et sa femme, si affables et vénérables sous leurs soyeux cheveux blancs ; mais la petite Claire, comme elle avait changé ! Bonne, gaie, heureuse, ayant dans son regard et dans son sourire la probité de tous ses aïeux, elle était maintenant la plus belle des jeunes filles. Rose comme une rose, ses cheveux châtains coiffés en bandeaux, vêtue d'une robe très simple, faite d'une seule étoffe, elle offrait cette originalité, prodigieuse et inouïe de nos jours, que les traits de son visage étaient excellemment bien dessinés.

Le temps d'abandon étant soudainement raturé, Paul fut reçu comme un fils et retenu à dîner. Il mangea la bonne soupe, le bouilli entouré de persil, le vol-au-vent de Santerne et les autres bonnes choses, et le plat de sucrerie. Surtout il se sentit renaître dans la douce atmosphère de confiance, d'honneur, d'affection. Quelque temps après qu'on eut dîné, Claire joua divinement, sur l'épinette signée du premier des Érard, quelques airs de Glück. Sa mère lui fit signe alors de sortir, et il n'était que temps, car Paul Ivray éclata en sanglots et montra son visage inondé de larmes.

— Ah ça ! mon cher Paul, dit le vieux Dumex, est-ce que vous aimez notre fille ?

— Oui, dit Paul Ivray, et je l'ai toujours aimée. Seulement, je ne me le rappelais pas.

Le mariage eut lieu le mois suivant, et ne comporta ni célébrités, ni chapeaux Gainsborough; ni habits éclaboussés de croix, de rubans et de plaques. Aussi, à la sortie de l'église, Ivray eut-il la joie d'entendre le plus autorisé des reporters dire dédaigneusement à un de ses collègues :

— Pas *chic*, ce mariage!

Alors Paul regarda avec ravissement la vierge heureuse et rougissante qui était sa femme. Elle ressemblait à une sainte des primitifs; elle était belle à enchanter l'azur et à faire cligner les yeux des étoiles, aussi belle que cela est possible. Mais elle n'était pas *chic* !

XXV

ILLUSIONISTE

Au dernier bal de l'Opéra, une jeune femme se trouva mal et tomba, évanouie, sur une banquette du foyer. Bientôt elle fut entourée, secourue, étouffée surtout, par une foule de ces gens affairés qui, en toute circonstance, s'empressent inutilement. On avait demandé de tous côtés un médecin, qui n'arrivait pas ; la malade, à qui on avait fait respirer des sels, commençait à ouvrir les yeux ; mais plus que jamais on obstruait l'air autour d'elle ; cependant, on lui avait ôté son masque, pour la soulager sans doute, mais aussi par curiosité. Soudain, un Parisien bien connu, le vicomte Henri de Treslin, fendit le groupe des officieux et s'approcha de la jeune femme, pâle comme une morte.

— Laissez-nous, dit-il avec autorité ; madame est ma parente, et tout soin à prendre me regarde.

Peut-être, à la rigueur, la jeune dame aurait-elle pu marcher ; mais, lui ayant embrassé la taille, Treslin l'emporta comme une plume, et de fait elle était presque aussi légère qu'une plume. Pour tout dire, le vicomte n'était nullement parent de celle qu'il enlevait ainsi, et elle était pour lui une inconnue ; mais en l'apercevant, pâle, ayant sur ses joues les lys funèbres, il avait été subitement frappé au cœur d'un violent amour pour lequel, sans hésiter, il eût mis le feu à l'Opéra et brûlé Paris. Un visage nacré, transparent, ingénu de sainte extasiée, des traits fins, des yeux de pervenche doux et célestes, des cheveux blonds coiffés en bandeaux, une bouche parée de toutes les ignorances, commandaient le respect pour cette vierge, et certes il n'eût pas été possible de voir en elle autre chose qu'une vierge. Mais comment se trouvait-elle au bal de l'Opéra, et qu'y faisait-elle ? Monsieur de Treslin se posa à peine cette question. Une telle Béatrice, si peu semblable à ce qu'il avait vu jamais, était évidemment descendue du ciel, à travers les floraisons d'étoiles, sur les escaliers de nuées ; qu'importait qu'elle eût atterri ici ou là ?

Treslin posa l'inconnue dans un fiacre, où il

s'assit à côté d'elle. Il n'osa pas la mener chez lui où, si bien servi qu'il fût, il risquait de ne pas trouver à l'instant un feu allumé et tous les secours nécessaires. Il la conduisit donc au café Anglais, où, très connu, il put obtenir sans retard sels, cordiaux et tout ce que réclamait l'état de souffrance de la malade. Ce fut dans un petit salon de ce cabaret que la jeune fille, assise, à demi étendue sur un divan, revint à elle tout à fait, et retrouva définitivement sa connaissance. Alors, elle regarda autour d'elle et, avec un mouvement de honte et d'effroi, se leva pour partir.

— Monsieur, dit-elle, merci et adieu.

Treslin ne fit pas un geste pour la retenir; mais son visage exprima un profond désespoir.

— Monsieur, dit la jeune fille, j'habite avec mes parents, que je n'ai jamais quittés une minute. A la suite d'une lecture de roman, la sotte curiosité s'est éveillée en moi. J'ai voulu voir quelques instants le bal de l'Opéra; j'y suis allée avec ma femme de chambre qui, malheureusement, a été séparée de moi par la foule. Alors, me voyant seule, j'ai été en proie à une telle épouvante que je me suis évanouie. Vous comprenez bien que vous ne sauriez me garder ici, fût-ce un instant, sans risquer de faire verser bien des larmes, et de perdre toute ma vie.

— Adieu, mademoiselle, dit Treslin ; mais il faut cependant que je vous dise ce qui se passe en moi, et comment, dans un instant plus rapide qu'un éclair, mon être a été métamorphosé et transfiguré. Oui, retournez chez votre père, et si vous le permettez, moi-même je vous mettrai à sa porte ; mais demain même, accordez-moi une grâce ; autorisez-moi à aller le trouver et à lui demander votre main. Ah ! que ne vous ai-je rencontrée ailleurs ! Mais quand je vous ai vue sur ce banc, mourante, j'ai senti que mon cœur mourait avec vous ; j'ai été brûlé par un amour qui s'est emparé de tout moi, et qui ne saurait s'éteindre. Moi, je suis le vicomte Henri de Treslin ; je n'ai besoin de rien savoir de vous, je vous regarde et cela suffit ; car en tous vos traits se manifeste votre âme adorable et pure.

— Sachez tout, dit la jeune fille, j'ai pris depuis longtemps déjà la résolution absolue et irrévocable de ne me marier jamais. Aussi nous voyons-nous pour la dernière fois ! De nouveau, je vous dis adieu, et je partirai seule. Mais je veux vous l'avouer et, pour adoucir l'absence éternelle, gardez ce mot dans votre souvenir, ce que vous avez éprouvé je l'ai éprouvé aussi, et il m'a semblé que, dans mon esprit, un voile se déchirait. Je vous ai reconnu ; j'ai senti que, si je pouvais donner ma vie à quelqu'un, ce serait à vous. Mais l'idée seule du mariage me fait horreur, et je ne puis supporter la pensée que jamais, à propos de moi, un homme pourrait brutalement dire : Ma femme !

Toute serrée et emmitouflée dans son domino et sous son capuchon, ayant rattaché son masque, la jeune fille mit le doigt sur le bouton de la porte, mais doucement, avec un regard chargé de prière, Treslin la ramena vers le divan et la fit asseoir. Puis il se plaça sur une chaise, loin d'elle.

— Oui, dit-il, il y a quelque chose d'abominable dans cette prise de possession qui se nomme : le mariage, dans ce contrat au nom duquel une femme devient la servante et la chose d'un maître, au lieu d'être vénérée, adorée à genoux, sans cesse courtisée et de nouveau gagnée et conquise ! Si ce marché est indispensable entre gens qui, pour ne pas s'enfuir l'un bien loin de l'autre, ont besoin d'être, comme des forçats, rivés à une même chaîne, combien ne doit-il pas être inutile dans un amour divin, céleste, plus fort que le temps, qui, pour toute la durée de la vie, ne peut que grandir et s'accroître ! Alors on marcherait devant soi la main dans la main, sans que nul obstacle se dressât devant vous, et prenant possession de l'univers. Qu'importeraient alors les familles qu'on abandonnerait, les pleurs même qu'on laisserait derrière soi, étant l'un pour l'autre tout et plus que tout, et se sentant victorieusement délivrés des fictions sociales ! Ah ! s'il est vrai que, jusque-là inconnu de vous comme de moi, l'impérieux, le délicieux, le tyrannique amour ait brûlé et éclairé votre âme comme la mienne, osons, comme des oiseaux de proie, voler le bonheur ; laissons tout, partons, venez, suivez-moi vers les forêts de fleurs et vers les cieux inconnus, allons-nous-en !

— Oui, dit la jeune fille, je vous aime, et j'ose d'autant plus vous le dire que je vous le dis pour l'unique, pour la dernière fois de ma vie. Mais l'obstacle qui nous sépare est bien plus invincible que vous ne pouvez le supposer ; car il ne tient à aucune circonstance qui puisse être modifiée, et il est en moi-même ! Dois-je mon étrange nature aux austérités religieuses que ma mère s'est toujours imposées ? Suis-je une extatique ou une malade ? Je ne sais, mais je ne me sens pareille à aucune des créatures humaines qu'il m'a été donné de voir. Il n'y a en moi qu'une vie toute immatérielle. Quelques gouttes de lait et quelques miettes de pain suffisent à ma nourriture ; je n'ai jamais pu me résoudre à être embrassée par mon père et par ma mère ; la brise qui, en passant, me caresse, me fait l'effet d'une insulte ; je crois me sentir souffletée, et si jamais la plus chère main devait effleurer la mienne, j'aimerais mieux tout de suite mourir.

— Ah ! dit Treslin, qu'entre nous la matière et la chair soient à jamais abolies, et si je devais vivre mille éternités, serait-ce trop de temps pour comprendre et admirer dans sa beauté votre âme infinie ? Si nous en avons le génie et l'amour, nous saurons, pour nous, faire descendre sur la terre le ciel même, où tout est idéal, et, par conséquent, vrai ! Qu'avons-nous besoin des baisers, si je suis vous et si vous êtes moi, et si nous sommes confondus et mêlés dans une union qui réunira inéluctablement les essences même de notre être ? Venez ; cette chose méprisable et vaine, la richesse, je la possède, infinie, et, pour la première fois depuis que j'existe, je comprends à quoi elle peut servir ; car nulle difficulté matérielle n'arrêtera nos pas ; nous trouverons partout des forêts et des jardins qui seront à nous, et des palais que nous abandonnerons lorsqu'il nous plaira, et que nous pourrons brûler en nous enfuyant! L'univers sera à nous, partout nous y serons servis par des esclaves, et nous savourerons la joie immense d'être ensemble, et seuls ! Et quand même la vie devrait durer toujours, aurai-je jamais assez de temps à moi pour contempler autant que je le veux vos yeux profonds comme la mer, et pareils à un ciel plein d'astres?

— Eh bien!... dit la jeune fille, comme à demi vaincue.

Mais à ce moment, un léger, un imperceptible, un involontaire mouvement d'un muscle de la face changea, du tout au tout, l'expression de son visage, et, soudainement frappé d'un fulgurant souvenir, le vicomte de Treslin ressentit le monstrueux sursaut d'un homme qui tomberait du haut d'une tour.

— Ah ça ! mais, dit-il, je te reconnais très bien. Tu es Séraphine Jox ! Je t'ai rencontrée pour la première fois, il y a cinq ans, à la foire de Saint-Cloud, où je t'ai payé des pommes vertes et un sucre d'orge. Depuis ce temps-là, tu as jeté tes bonnets par-dessus tous les édifices, et c'est toi qui as mangé, comme deux pralines, ce Hongrois richissime, le prince Dorasil, et le fastueux notaire Poumarède, sans parler de beaucoup d'autres festins.

Nullement étonnée, Séraphine Jox appuya

son front sur sa main transparente et rose, et, sans nulle transition inutile, se mit à son aise. Je ne sais si elle défit un cordon ou quelque agrafe ; mais, subitement, elle cessa d'être mince comme un lys, pour n'être plus que svelte et, sur son visage qui rappelait les saintes des Primitifs, s'établit, avec la science de tout, une calme et tranquille ironie:

— Monsieur le vicomte, dit-elle, vous êtes un grand chercheur, dénicheur et collectionneur d'innocences, et rien ne me semble plus légitime : car chacun n'a-t-il pas ses manies? Mais hier soir, vous avez dépassé le but, en cherchant une innocence dans un endroit qui n'en comporte pas, et où il ne saurait y en avoir. Toutefois, attendrie par votre héroïque effort, j'ai fait ce que j'ai pu pour vous empêcher de rentrer bredouille, et pour vous servir, sur un plat de diamant, l'ombre d'un rêve. Mais puisqu'il vous a plu de me connaître et aussi de me reconnaître, nous pouvons laisser tout cela, et recommencer la conversation sur de nouvelles bases!

En parlant ainsi, Séraphine se mit à écrire le menu du souper. Mais elle ne voulut pas se servir pour cela du papier réglementaire posé sur la table, et elle prit un feuillet de couleur crème dans un portefeuille qu'elle tira de sa poche.

— Tiens, fit Henri de Treslin, vous avez là un joli portefeuille japonais.

— Oui, dit Séraphine, c'est pour mettre les billets de mille francs... dans le cas où j'en trouverais par terre !

Cependant, elle avait sonné le garçon, qui entra et prit le menu.

— Cyrille, lui dit-elle, tout cela très soigné. Comme pour moi. Beaucoup de cayenne dans le homard à l'américaine, et énormément de cayenne dans les écrevisses à la bordelaise. Le champagne alcoolisé, vibrant, très monté de ton. Du champagne pour les voyageurs anglais !

XXVI

LAFFON

A peine âgée aujourd'hui de vingt-sept ans, Alicia Laffon est, sans nul doute, une de nos femmes artistes les plus dignes d'attention et les plus intéressantes. Les figurines qu'elle modèle en cire et ciselle ensuite, pour Denière et pour quelques autres grands fabricants de bronzes, révèlent une grande sincérité d'impression et une puissante originalité. Précision, certitude, justesse de mouvement, telles sont les indéniables qualités de ses œuvres hardies et pures, dont l'inspiration semblerait remonter, bien au delà de la renaissance, jusqu'à ces merveilleux tailleurs d'images du moyen âge français, aujourd'hui injustement oubliés. Affranchie de toute fausse grâce et de toute recherche du *joli* sentimental, Alicia Laffon est certainement quelqu'un. Mais, ce qui vaut mieux, ce qui est plus précieux et plus rare, avant tout et surtout, elle est une femme.

Une femme bonne, simple, aimable, gracieuse, femme jusqu'au bout des ongles, bonne à regarder, bonne à admirer, bonne à aimer, qui jamais ne profère un mot technique, et jamais n'ébauche un de ces gestes évocateurs, au moyen desquels des artistes ou des amateurs d'art, trop enclins à la mimique, résument le galbe d'une figure sculptée ou peinte. Elle est logée comme une grande dame qui serait bien logée, dans un appartement exquis, nullement encombré de bibelots ; elle est accueillante, cause spirituellement et surtout sait faire causer les autres. Enfin, qualité sans prix ! elle ne souligne pas son manque de pédantisme, en affectant de repriser des bas ou de faire des confitures. Non, elle est élégante, indulgente et d'une distinction rare, sans afféterie d'aucun genre, et son salon, où elle accueille de rares élus, est un des derniers endroits où l'on cause ! Il n'en a pas toujours été ainsi. Il y a eu un temps où le talent d'Alicia, aujourd'hui si ferme, était indécis et vague. Alors, Alicia elle-même, en tant que créature humaine, était bonne à jeter aux chiens, et elle ne valut pas mieux jusqu'au jour où elle fut fouaillée et cinglée en plein visage par l'impérieux Amour.

En ce temps-là, elle n'était ni femme ni homme, et pas même Auvergnate. Vêtue du costume masculin dans son atelier encombré d'armes, de dieux furieux et de chimères féroces, elle y parlait argot, tous les argots! en fumant des cigares gros comme des sycomores. D'ailleurs, on la voyait dans tous les endroits fastueux et turbulents, au vernissage de choses non vernies, aux cabarets où le service est fait par des galériens ou par des nourrices. Alors, noyée dans une jupe imitant le pantalon de zouave, serrée dans un corsage-veston, avec gilet, chemise d'homme, faux col droit, cravate lâche, et coiffée d'un chapeau de brigand, comme l'Arétin, elle traînait après elle un troupeau de femmes diverses, caillettes, grues et cocottes. D'autres fois, c'était un troupeau d'hommes, qui causaient avec elle en mots naturalistes, la tutoyaient et l'appelaient familièrement Laffon; car, pareille à un garçon, dans le tas, elle avait perdu son prénom à la bataille.

Or, voilà qu'un jour, sans préparation ni transition d'aucune sorte, Alicia devint amoureuse folle du peintre Hector Sageret, qui, justement, ne pouvait pas la souffrir; et quoi de plus naturel? Sageret est un bon homme simple, robuste, énergique, tout d'une pièce, qui ressemble à son talent, et dont l'âme est saine comme le corps. Lorsque, l'ayant rencontré, Alicia essaya de le regarder tendrement, elle vit bien qu'elle ne trouverait pas là de quoi frire, et qu'elle pouvait s'en brosser le bec. Cependant, elle dépérissait, venait à rien, s'en allait en fumée, et, la voyant si cruellement férue, des amis obligeants voulurent essayer de s'entremettre ; mais aux premiers mots qu'ils dirent, Sageret entra dans une colère bleue.

— Ah! s'écria-t-il, j'ai ramassé des femmes dans le ruisseau ; je les ai baignées et parfumées d'essences, et couvertes de mes plus tendres baisers! Toute femme est auguste et divine ; mais qu'on ne me parle jamais de *ce monsieur!* Oui, *le nommé Laffon* m'inspire une horreur insurmontable, et j'aimerais autant le Bathylle d'Anacréon ou le berger Corydon de Virgile! Et si j'adressais des paroles d'amour à ce sphinx ambigu, ne pourrait-on pas avec raison dire de moi ce que Voltaire disait des imprudents qui n'aimaient pas *Alzire ou les Américains* et *L'Orphelin de la Chine?*

Ces nouvelles furent reçues par Alicia avec un véritable désespoir ; il ne lui restait plus guère qu'à se jeter à l'eau, comme George Dandin, avec une pierre au cou. Cependant, avant de s'y résigner, elle alla trouver la grande savante, la grande magicienne du monde moderne ; le seul être qui sait tout et peut tout, et pour qui aucune difficulté n'existe; en un mot : Aurélie Spire. Comme on le sait, après avoir été une comédienne de talent, cette femme, dont la jeunesse persiste par un effort de volonté et d'amour, a été une éducatrice de génie. Dans ce temps démocratique où, sans injustice, beaucoup de marchands de peaux de lapin auraient pu devenir pairs de France, s'il y avait encore des pairs de France, il n'existe guère d'homme puissant et célèbre à qui Aurélie Spire n'ait appris à mettre ses gants, à tirer son mouchoir, à se servir de son couteau et de sa fourchette, à entrer dans un salon et à en sortir, à parler à une femme, à être spirituel, et même à ne pas dire de bêtises. Donc Alicia lui conta son affaire, et Aurélie la trouva bien mauvaise.

— Ah! Laffon, lui dit-elle, je n'ai pas de morale à te faire! On peut tenir compte de tout, même des vices modernes (qui sont vieux comme le monde,) mais il ne faut pas leur appartenir, comme une marionnette. Et tu t'avises d'aimer, qui? Un homme bien portant, au talent sain comme l'œil, qui, lui aussi, pourrait tuer son bœuf d'un coup de poing et le manger, et croquer des brochettes de nymphes et de faunesses, comme des alouettes!

Crois-tu qu'un pareil homme puisse avoir affaire avec les finesses tragiques du marquis de Sade? Ah! n'espère pas entraîner jamais celui-là, et crois-moi, tu ferais bien d'y renoncer tout de suite.

— Mais, si j'y renonce, dit Alicia, ce ne peut être que pour mourir. Au contraire, toi qui peux tout, aie pitié de moi; change-moi, transfigure-moi, fais-moi celle que je dois être pour plaire à Sageret.

— Je le veux bien, dit Aurélie Spire; mais pour cela, il faudrait t'écorcher comme un chat, et faire peau neuve; en auras-tu le courage? Maintenant, Laffon, écoute-moi bien et ne m'interromps pas, car nous allons travailler. Tu n'as pas lieu; il faut donc te recommencer et te repétrir à nouveau; tu me comprendras, toi qui es statuaire. En toi, il faut refaire tout, l'être moral et l'être physique. Tu possèdes une espèce d'esprit de mots à la Gavroche; il faut le jeter dans la boîte aux ordures, et le faire emporter si loin qu'on ne le revoie plus. Tu es une fausse artiste; il faut étudier ton art à nouveau, et communier dans la flamme avec les génies. Tu es égoïste et avare, comme tous les voluptueux : il faut t'habituer à être généreuse et tendre et à vivre pour les autres. Les traits de ton visage sont devenus incohérents et diffus; il faut les rassembler et leur donner une expression sincère. Tes hanches et tes seins ne s'en sont jamais allés, parce qu'ils n'étaient jamais venus ; cependant, il faut qu'ils reviennent!

— Tu as raison, dit Alicia, qui n'avait pas sourcillé. Grâce à toi, je me vois telle que je suis, c'est-à-dire : horrible. Maintenant, que faut-il faire?

— Mais, dit Aurélie, tu viendras ici, et je t'enseignerai tout, notamment à ne produire aucun effet, à éviter toute admiration indiscrète, et, par conséquent, à t'abstenir de tout ce qui est facile. Et pensons aussi aux choses matérielles! La mort de tes parents et tes premiers travaux t'ont faite riche; il faut prodiguer et jeter l'argent, et surtout ne pas le pleurer, car nous allons le dépenser comme s'il en pleuvait! D'abord, tu dois supprimer ou vendre tes travaux commencés, licencier ton atelier avec tout ce qu'il contient, et détruire jusqu'à tes ébauchoirs ; nous te ferons un autre atelier, quand tu revivras une vie nouvelle. Dans ton appartement aussi, même exécution. Meubles, toilettes, robes, lingerie, bijoux, livres, services d'argenterie et de faïence, tu te déferas de tout ce qui t'a appartenu, et du passé tu ne conserveras même pas une paire de bas et un mouchoir de poche. Puis, de même, nous ferons table rase dans ton entendement et dans ton esprit; nous te donnerons à nouveau la notion du bien et du mal, comme nous te donnerons un trousseau tout neuf pour te vêtir; car de ce moment, tu es une toute petite fille qui vient de naître au monde, et qui doit apprendre à balbutier, à parler et à penser. Tu sais ce que tu m'auras confié, n'insistons pas là-dessus! eh bien! moi, dès que tes cheveux auront eu le temps de repousser, je te promets de te rendre ce qu'il y a de plus beau dans la création et dans la pensée des êtres : une femme!

Aurélie Spire tint parole; son écolière Alicia eut le courage de renaître de ses propres cendres, et, mis au courant de tout, Sageret fut profondément ému de ces miracles réalisés pour l'amour de l'amour. Enfin, la pauvre Laffon vint chez lui, très dignement et sous un prétexte très plausible. Elle venait le prier de concourir à une vente organisée pour un grand artiste, devenu aveugle et tombé dans la misère. Sageret la reçut avec un tendre respect; mais lorsque la jeune fille entra, il travaillait, achevait un morceau, qui devait être enlevé de verve.

— Mademoiselle, dit-il, veuillez m'excuser; je suis à vous dans quelques instants.

Mais à ce moment-là, par malheur, le dernier démon du passé fit encore des siennes dans l'âme de Laffon, qui, devenue simple, jolie, coquette, femme jusqu'au bout des ongles, eut pourtant un lapsus épouvantable, qui faillit la rejeter pour jamais au plus sombre flot du noir Cocyte.

— Oh! fit-elle, ne vous dérangez pas pour moi. Vous savez, je suis très bon garçon!

— *Bon garçon!* cria Sageret, ivre de fureur. Eh bien! alors, adieu, allez-vous-en!

Laffon voulut en effet s'en aller, mais n'alla pas loin. Le peintre, ayant entendu des sanglots, sortit, et la reprit sur l'escalier, à demi morte. Éperdu, il la ranima sous ses baisers, dégrafa la robe qui l'étouffait, et alors Laffon, revenant à elle et sentant son épaule nue, devint toute rouge. En voyant cette précieuse, cette pudique rougeur, Sageret, définitivement vaincu, sentit son âme se fondre.

— Oh! chère, chère Alicia, dit-il, te voilà enfin guérie, et je t'aime!

XXVII

JEU DE L'AMOUR

Aurélie Zam est, par ses aspirations du moins, une créature perverse. Elle a dans l'esprit un jardinet où fleurissent des petites choses qu'elle croit être des Fleurs du Mal et qui ne sont que des fleurettes de papier. Elle a confectionné avec soin de nombreuses scélératesses dont elle ne comprendra jamais l'innocence, et elle a cru s'adonner à des vices contre nature, — comme si la nature, qui a créé les crapauds et les belettes, se laissait jamais contrarier! Comme elle a dû le reconnaître, s'il est très difficile de faire beaucoup de bien, il n'est pas fort aisé aussi de faire beaucoup de mal, et, devant renoncer au crime, Aurélie Zam, à titre de compensation, s'est réfugiée dans l'absurde.

Elle fait tout ce qu'à son sentiment il ne

faudrait pas faire ; mais, comme tout le reste, le manque de sens commun a ses limites. Parfois, elle envoie à l'Hôtel des Ventes ses tapis d'Orient, ses coussins de lampas, ses coffres ciselés et dorés, et elle remplace tout cela par un mobilier ayant appartenu à une cordonnière *distinguée*, en bois de palissandre garni de velours pensée. Parfois, elle se livre à des songeries voluptueuses et évoque les villes maudites, en lisant *l'Almanach Liégeois* ou *le Manuel de l'Étameur*. Volontiers, pour aller elle-même (par dépravation) acheter pour deux sous de lait, elle s'habille comme une duchesse d'autrefois dans les grands appartements de Versailles, et à des soirées qu'elle donne, elle se montre vêtue d'un sarrau en lustrine noire. Quand elle invite ses amies à dîner, elle leur offre tantôt des salmis d'oiseaux exotiques et des poissons rares des pays lointains, qui semblent avoir dû être apportés par le télégraphe, arrosés par des bordeaux retour de l'Inde ; tantôt, un hareng saur unique, des betteraves cuites dans la cendre et des bouteilles de petit cidre. Elle se fait entretenir par des adolescents beaux comme Roméo, vicomtes pour le moins, et prend pour amants de cœur des Turcs des rues ou des marchands de lorgnettes.

Il y a quelques mois, un événement bizarre

étonna et passionna Paris. On vit apparaître au Bois, montant toujours un cheval arabe noir comme la nuit, un très jeune homme si extraordinairement beau, qu'il semblait surnaturel et donnait l'idée d'un dieu victorieux descendu de quelque ciel. Avec ses grands yeux de femme, sa bouche de pourpre, ce cavalier était de ceux devant qui les simagrées s'évanouissent, comme devant un million en or étalé sur une table. Toutes les femmes auraient voulu le prendre, le saisir, l'emporter comme une proie, et, par provision, le mangeaient des yeux à n'en pas laisser une miette. Personne ne le connaissait, ne savait qui il était; mais pour pouvoir le désigner facilement, sans dire : *ce dernier*, une des plus charmantes femmes de ce temps avait pris l'habitude, tout de suite imitée, de le nommer Amadis. Si les regards incendiaient réellement les personnes, comme le prétendirent si longtemps les poètes madrigalistes, il aurait flambé mieux qu'un paquet d'allumettes. Mais Amadis était incombustible, et lui n'avait des yeux que pour Aurélie Zam, qu'il adorait désespérément et follement. Sans cesse, comme attaché à sa voiture par des liens invisibles, il trottait ou galopait autour d'elle, et il la couvait de ses humides prunelles de velours qui eussent fait éclore des roses dans la neige.

Mais Aurélie était bien autrement insensible que la neige! Et quand l'évidence lui démontra qu'un tel être divin lui appartenait, sa colère et sa haine furent épouvantables, car rien ne lui déplaisait plus que les événements dépourvus d'abomination et de perversité. Être aimée par une sorte d'Ange, la belle affaire, pour elle qui, en voyant jouer *Le Songe d'une Nuit d'été*, avait trouvé la fée Titania un peu *poncif*, et qui, au lieu d'une tête d'âne, aurait voulu baiser et couronner de fleurs une tête de crocodile! Chaque fois qu'ils se croisaient, elle envoyait à Amadis des regards chargés du plus horrible mépris ou, comme prise de dégoût, elle affectait de cracher par terre; ou elle se convulsait le visage et faisait des grimaces que n'eût pas désavouées, dans les foires, un grimacier de profession. Certes, Aurélie, en thèse générale, exècre tout ce qui est beau et charmant, et elle a en elle la nostalgie de l'horreur; mais, à ce moment-là surtout, elle devait dédaigner particulièrement Amadis, et cela par la meilleure de toutes les raisons.

Elle aimait Burlequin.

Burlequin est un chanteur bossu qui, aux *Folies-Bécarre*, passionne la foule, gagne des flots et des tas d'or, dédaigne les bonnes fortunes qui s'offrent à lui, et réduit en esclavage son directeur, qu'il tient écumant sous son talon de fer. Difforme, incohérent, monstre absolu, chauve, avec des mèches rouges qui font ressembler son crâne à une peau de tigre, ce virtuose chante d'une voix fausse, éraillée, douloureusement bouffonne, des chansons sans rime, ornées de vers boiteux, plaqués sur des musiques indécentes, et qu'il écrit lui-même, parce que personne ne pourrait les composer aussi bêtes. Idole, coqueluche et démence de la foule, Burlequin la méprise comme une chienne docile, et souvent, quand le public fanatisé lui crie : *Bis!* fait un geste de dédain et répond : *Zut!* Quelquefois, le soir, avant de s'en aller des *Folies*, pour rien, pour le plaisir, il disait à son directeur : Tu vas m'augmenter de mille francs? — Et, stupéfait baissant la tête, le directeur Kockx emmenait l'artiste dans son cabinet, et lui disait d'une voix tremblante : Allons signer !

Dès qu'Aurélie Zam eut vu Burlequin, elle fut prise comme une carpe dans un filet. Plaire à ce ouistiti, à ce fantoche acclamé, à cette prodigieuse caricature, lui parut être le bonheur suprême. Tous les soirs, elle venait aux *Folies-Bécarre*, s'asseyait aux tables les plus rapprochées de la scène, déchirait ses gants en applaudissant et, quand Burlequin lançait une de ses belles notes fausses, criait de joie. Mais le chanteur la regardait avec mépris et lui faisait des grimaces, comme elle-même en faisait à Amadis, dans les allées du Bois. Des lettres, qu'elle envoyait par les garçons, lui étaient rapportées intactes. Tous les jours, elle envoyait chez le bossu des forêts et des montagnes de fleurs; comme elle put facilement l'apprendre, il les faisait jeter au tombereau, avec les autres ordures. Mais il tenait à éviter tout ambage et à être clair. Un soir, comme il chantait, ou plutôt râlait pour la première fois une chanson terminée par le mot : *Carrosse*, il détacha la dernière syllabe du mot, et l'envoya à Aurélie Zam, la lui planta en plein visage.

Mais chacun son tour. Une nuit, comme, après s'être promené longtemps, Burlequin rentrait chez lui, dans la rue de Malte, il fut appréhendé par deux malandrins qui, après l'avoir bâillonné et garrotté, l'emportèrent dans un fiacre. Lorsqu'on fut arrivé aux Ternes, à la maison d'Aurélie, les deux bandits portèrent le chanteur dans un boudoir couleur des pâles roses, où, après l'avoir débarrassé de son bâillon et de ses liens, ils le laissèrent seul, non sans avoir soin de fermer la porte en dehors. Mais cette porte se rouvrit bientôt, et Aurélie Zam parut, nue dans un peignoir de neige tramée.

— C'est une farce, dit-elle. Veux-tu souper?

— Tout de même, dit Burlequin.

Le couvert était mis sur une nappe éblouie de porcelaines rares, de cristaux anciens et de vaisselles d'or. Sans s'occuper de la mulâtresse qui servait plus que si c'eût été une statue de basalte, Aurélie se mit tout de suite à baiser, caresser et dorloter son ami, avec la joie d'une chatte qui mange de la crème.

— Ah! dit-elle, je t'aime à la folie! Parce que tu es hideux. Il n'y a rien de si absurde que ta voix, et ta tête ressemble à une feuille de papier où on a collé des pains à cacheter. Ah! si tu savais comme je déteste ce qui n'est pas laid? Tiens, il y a un être beau comme une femme, l'animal! qui m'adore, qui est épris de moi, et qui...

— C'est moi, dit Burlequin.

En même temps, il dépouilla et jeta loin de lui l'habit contenant sa fausse bosse, il ôta son faux crâne chauve laissant ruisseler son abondante et douce chevelure; avec une serviette, il essuya sa barbe légère, empâtée de pastel rouge, qui aussitôt apparut soyeuse et noire. Enfin, d'un geste rapide, il décolla les morceaux de taffetas gommé qui simulaient de larges trous dans sa denture, et alors, ses dents, égales et blanches, apparurent comme deux rangées de perles.

— Mais, misérable! cria Aurélie Zam, épouvantée et désolée, tu n'as plus rien de difforme et tu es beau comme un astre?

— J'en conviens, madame, râla et nasilla le virtuose; mais comme j'ai pu m'en convaincre, tel que vous me voyez à présent, je n'aurais jamais gagné ma vie, et j'ai dû me rendre hideux pour avoir du succès; car la foule ne chérit que les monstres, et, à ce point de vue, elle est parfaitement semblable à une femme. C'est ainsi madame, que vous-même vous n'avez pu m'aimer sous la figure qui est réellement la mienne, et vous avez adoré ma bosse en carton et mon crâne postiche.

— Ah! du moins, dit Aurélie Zam, encore extasiée, il te reste ta voix, ton absurde voix, enrouée, chevrotante, morne comme le son d'un tambour crevé, folle comme le son d'une crécelle prise de vertige; et elle suffit encore pour que tu sois le plus fantasmatique et le plus dérisoire de tous les êtres.

— Hélas! dit le virtuose, cela n'est pas même certain. Et, s'asseyant au piano qui, sous ses mains agiles et hardies, résonna comme un orchestre, d'une voix harmonieuse, sonore, enflammée, virile, il chanta les admirables vers que Victor Hugo a écrits sur la musique de Beethoven : *Là-haut, qui sourit? Est-ce un esprit?*

— Allons, c'est complet, dit Aurélie, et il ne te reste plus qu'à ouvrir tes ailes, si tu en as. Allons, montre-les !

— Madame, dit Burlequin, je conviens qu'il y a tromperie sur la qualité de la marchandise... dérobée ; mais ce n'est pas moi qui me suis enlevé moi-même, dans la rue de Malte ! Vous m'aimez, bossu ; moi, je vous adore, en qualité d'homme droit comme un lys. L'affaire ne peut donc s'arranger ; mais je vais vous rendre à vos chères études. Je vais vous saluer, vous quitter, prendre congé de vous, m'évader, m'enfuir, m'évanouir dans l'insondable.

— Non, dit Aurélie Zam, avec un profond soupir et avec des lueurs dans ses prunelles, pareille à un enfant qui à la fois rit et pleure ; non, Burlequin, restez tout de même ! Car il faut se faire une raison. Faute d'un vieux sou de billon bien cabossé, bosselé et vert-de-grisé, on se contente, au besoin, d'un louis d'or tout neuf, et, faute de merles, on mange des grives, et même, à la rigueur, — des ortolans !

XXVIII

MADEMOISELLE HYACINTHE

Muni d'un congé régulier, accordé pour qu'il pût recueillir un héritage inattendu, le lieutenant Jérôme Silvent, pour la première fois de sa vie, vint à Paris. Il y arriva, seul, ne connaissant personne, par un de ces jours de boue, de pluie, d'obscurité, qui ressemblent à de vilaines nuits. Tout de suite, il sentit sur ses épaules comme une chape d'ennui et de désespoir, et se trouva plus dépaysé que dans le désert. Après qu'il eut vu le notaire et rempli quelques formalités indispensables, ce jeune homme, toujours inexorablement triste, fut alors comme accablé et stupéfait.

Après avoir terminé l'après-midi au Louvre, à regarder les chefs-d'œuvre, si désolants quand on n'est pas devenu leur ami, Silvent entra dans un restaurant, où il fit un dîner banal, puis essaya de tuer le temps, d'abord dans un théâtre, puis au café-concert; mais la comédie bourgeoise et les chansons froidement bouffonnes l'ennuyèrent si fort, qu'il préféra s'en aller au hasard, marcher ruisselant sous la pluie, et traverser des ténèbres que les flammes du gaz éblouissent et rougissent de leurs feux sans pouvoir les éclairer.

Ainsi exilé dans le noir et dans le tumulte de la foule indifférente, Silvent, pensif, absorbé, en proie au songe du dormeur éveillé, évoqua et vit passer devant lui toute sa vie. Né à Dijon, il était tout enfant encore lorsqu'il avait perdu, presque en même temps, son père et sa mère, et il avait été envoyé à Nuits, chez son oncle Michelon, vieillard égoïste, gouverné par une gouvernante. Silvent trouva là une bonne vie matérielle, mais nulle tendresse, et ne connut jamais les baisers, nécessaires à l'enfant comme le pain qu'il mange. Envoyé comme externe au pensionnat Carbillet, il y reçut une instruction sommaire, et, dès qu'on la considéra comme suffisante, il fut placé, en qualité de petit clerc, chez maître Piedquin, successeur de monsieur Michelon. Entre la maison de son patron et celle de son oncle, Jérôme eût été tué par l'ennui et le manque d'affection, s'il n'eût trouvé dans la bibliothèque des livres de poètes, qu'il put lire et dévorer sans que personne s'en inquiétât. Il connut les héroïnes, les Hélènes, les femmes immortelles, et elles furent d'abord pour sa petite âme comme de jeunes mères qui le berçaient et le baisaient, et lui faisaient deviner les sensations ineffables qu'il n'avait jamais connues.

Mais il eut bientôt un idéal, comme plus précis et plus rapproché de lui. De temps en temps, comme s'ils eussent parlé de quelque reine, de quelque personne supérieure à toutes les autres, monsieur Michelon ou la gouvernante Simone prononçaient ces deux mots : Mademoiselle Hyacinthe ; et, à la façon dont ils étaient dits, ils semblaient évoquer une figure inouïe et resplendissante entre toutes. Il en fut ainsi pour le petit Silvent qui, dès qu'il eut entendu les deux mots magiques, appartint absolument et de toute son âme à mademoiselle Hyacinthe. Qu'était-elle pour lui ? Tout, les saintes, les guerrières, toutes les héroïnes des poèmes, tenant des lyres, ou des palmes, ou des glaives, et quelque chose de plus encore, car le nom seul créait pour Jérôme la créature surnaturelle et divine. D'ailleurs, le notaire et sa bonne, âmes essentiellement peu poétiques, semblaient la voir ainsi, car lorsqu'ils disaient : Mademoiselle Hyacinthe, c'était comme s'ils eussent épuisé toutes les formules de l'admiration et des éloges.

Jérôme Silvent n'éprouvait aucun besoin de la voir, de la connaître matériellement ; il croyait l'avoir vue toujours, l'avoir toujours contemplée dans le clair rayonnement de la lumière. Fille de monsieur Gaudron, le plus riche propriétaire de vignes de Nuits, mademoiselle Hyacinthe, qui continuait, déjà célèbre, les charités et les bonnes œuvres de sa mère, morte très jeune, était une enfant encore, à peine âgée de treize ans ; mais elle avait l'importance d'une femme, pour le peuple dont elle soulageait les misères, et pour les dames de la société qui s'associaient à ses généreux desseins et déjà lui obéissaient. Par une belle matinée de soleil, passant devant la maison de monsieur Gaudron, Jérôme, sans surprise, vit à une fenêtre mademoiselle Hyacinthe elle-même, telle qu'il se la figurait, telle qu'il la connaissait, telle qu'il devait l'adorer, jusqu'à son dernier soupir, non comme une femme, mais comme une Béatrice céleste, faite pour fouler les escaliers d'azur et pour marcher dans les jardins de clarté, parmi les lys de diamants et les pervenches d'étoiles. Elles furent infiniment rares, espacées par de longs mois, les occasions qu'il eut de la revoir ainsi ; mais cet immense bonheur lui suffisait et au delà, et le souvenir de mademoiselle Hyacinthe, entrevue dans son idéale blancheur, n'eût-il pas rempli pour lui des éternités?

Il le croyait du moins; mais quel écroulement, quel cataclysme emplit de ruines l'âme dévastée de Jérôme, lorsque, brutalement, il apprit qu'il ne reverrait jamais la reine de sa joie et de sa pensée! Les années avaient passé comme un rêve, pleines de bonheur à en déborder; maintenant, c'était le réveil atroce, sans espoir, épouvantable. Subitement ruiné, monsieur Gaudron était parti pour l'Amérique, sans destination fixe, emmenant sa fille, emportant les restes de sa fortune, et résolu à recommencer le combat de la vie comme un jeune homme. Il n'avait même pas pris le temps d'arranger ses affaires, laissant pour cela sa procuration et ses ordres à maître Piedquin. Il était parti sans hésiter, sans regarder derrière lui, et ce départ, Silvent l'apprenait quand c'était déjà une chose irrévocable, faite, accomplie. L'idée de rester à Nuits, où n'était plus mademoiselle Hyacinthe, le glaçait d'effroi. Avec la permission de son oncle Michelon, qu'il obtint facilement, il s'engagea, et fut envoyé en Afrique, dans un régiment de zouaves.

Jérôme Silvent, qui fut un soldat dévoué,

fidèle, héroïque, espérait trouver très vite la mort; mais il n'eut pas cette heureuse chance et, souvent blessé, taillé, foulé sous les pieds des chevaux, il en réchappait toujours. Il conquit rapidement ses grades, devint officier dans le temps rigoureusement indispensable, et donna alors le spectacle d'un chef intrépide, téméraire, aventureux, toujours prêt à se faire trouer la peau et à verser son sang comme l'eau d'une fontaine, mais sobre comme un Arabe, et chaste comme une fille. Amant d'une Ange, pour qui toute autre maîtresse eût été impossible, sa seule compagne était l'absente, qui lui souriait dans la fumée des batailles, et qu'il voyait aussi, pâle et pensive, pendant les veilles des claires nuits étoilées. Mais par instants, la chère image pâlissait encore plus, s'effaçait presque, semblait s'évanouir dans les flottantes nuées; alors, Jérôme Silvent s'examinait, interrogeait sa conscience, qu'il trouvait pure, exempte de toute mauvaise pensée, et se désespérait, tremblant d'être abandonné pour toujours, et pourtant ne sachant par quel crime il avait pu faire fuir loin de lui la troublante bien-aimée.

Telles étaient précisément ses angoisses lorsque, se promenant, comme je l'ai dit, dans le Paris pluvieux et noir, il marchait devant lui au hasard, comme un exilé, sentant mourir le dernier souffle de son espoir, et comprenant trop que la chère figure de lumière ne se montrerait pas dans cette atmosphère de suie et de ténèbres. Mais, tout à coup — comment un homme peut-il en un instant être transfiguré du tout au tout, devenir le contraire de lui-même, et renier son passé, son âme intime, son être, avec ravissement? — Jérôme Silvent sentit dans son sang, dans sa chair, toutes les braises et toutes les flammes qu'il n'avait jamais connues, qui avaient respecté en lui un élu trempé dans les eaux vives de l'impérissable amour. Délicieusement mordu par les griffes amères de la Volupté, il ne songeait plus qu'à savourer ses extases effrénées et ses plus lancinants supplices. Devant lui marchait, se balançant avec une grâce raffinée et perverse, relevant sa longue robe, onduleuse, agile comme un serpent, une femme élégante comme une reine, malgré ses allures de fille. Jérôme la suivait, il l'eût suivie jusqu'en enfer, et elle, se sentant suivie, se retournait de temps en temps, à demi, d'un mouvement enchanteur, irrésistible. Ils arrivèrent ainsi jusqu'à la rue Montyon, où habitait cette vagabonde, et alors, s'arrêtant, se laissant atteindre, la femme errante s'approcha de Jérôme Silvent et murmura dans son oreille : Voulez-vous passer la nuit avec moi?

Certes, Jérôme le voulait; il voulait passer avec elle la nuit, cette nuit-là et mille autres nuits! Il se serait damné tout de suite, rien que pour baiser la boue de ses bottines! La porte cochère s'ouvrit; ils montèrent ensemble, en s'appuyant à la rampe, l'escalier où le gaz était déjà éteint. Lorsqu'ils furent au troisième étage, la femme, avec une clef qu'elle avait, ouvrit la porte de son appartement, et, disparaissant aussitôt, confia Jérôme aux soins d'une fille de chambre, qui le conduisit et le laissa seul dans une chambre où il y avait un lit, et où une lampe très voilée jetait une vague clarté. Là, Jérôme Silvent sentit ce qu'on éprouve au moment de commettre un crime, de subir un grand malheur, de faire une action irréparable. Il eut nettement l'idée que, sous peine de se perdre à jamais, il devait se sauver, s'enfuir, s'éloigner de cette maison, où il sentait que son sort se déciderait. Il se le disait nettement, et cependant, bien qu'il comprît le prix des minutes, il restait immobile, ne partait pas, alangui et grisé peut-être par un parfum très délicat et suave dont les meubles et les tentures étaient imprégnés, peut-être aussi par la jouissance perverse d'agir précisément comme son instinct lui conseillait de ne pas le faire. Il s'était assis sur un fauteuil très bas, près d'une fenêtre, et, comme possédé par un bien-être inouï, songeait, s'enivrait du silence, et demeurait immobile.

Mais une porte s'ouvrit; Jérôme devina, plutôt qu'il ne vit, passant et s'envolant près de lui, un nuage de batistes et de dentelles. Déjà la femme s'était mise au lit, éparpillant sur les oreillers le flot de ses cheveux, et, d'une voix très douce, harmonieuse et pénétrante, elle dit :

— Eh bien! venez-vous?

Jérôme Silvent s'approcha très près du lit, et dès qu'il eut pu voir le visage de la femme couchée, poussa un hurlement, un rugissement horrible, et s'écria :

— Mademoiselle Hyacinthe!

Il tomba à la renverse, évanoui. Une grande heure s'était passée lorsqu'il reprit ses sens. Celle dont il ne voulait plus dire ni se rappeler le nom magique n'était plus là, heureusement! et, penchée sur lui, la femme de chambre épongeait son front et ses tempes avec un vinaigre très puissant, et lui faisait respirer des sels. Pendant de longs moments, Jérôme, le visage baigné d'un torrent de pleurs, fut secoué par de tels sanglots qu'il était comme un arbre tordu et soufflété dans l'ouragan. Enfin, il se reprit, retrouva un peu de force, et donna une poignée d'or à la servante qui, sur son ordre impérieux, l'accompagna jusqu'en bas, et fit ouvrir la porte de la maison.

Une fois dehors, Jérôme, assommé, marcha, titubant, ivre-fou, battant les murailles. Il n'eut pas le courage de rentrer à l'hôtel où il était descendu, ne supportant pas la pensée d'être, là ou ailleurs, enfermé et seul avec lui-même. Ayant passé devant un restaurant qui reste ouvert la nuit, il y entra, s'assit et bientôt se prit de querelle avec son voisin de table qui, à demi-voix, lisait, d'une façon réellement irritante, un article de journal. On se battit dès le petit jour, à la Celle-Saint-Cloud, avec des témoins racolés dans le café même, et le jeune lieutenant reçut en pleine poitrine un coup d'épée, qui lui perfora le poumon gauche. Le docteur Peyradieu, qui a assisté Jérôme à ses derniers moments, dit qu'il n'a jamais vu un homme mourir plus volontiers que lui, et avec une plus effroyable joie.

XXIX

DEUXIÈME ÉDITION AUGMENTÉE

Un flâneur qui, en passant dans la rue des Vieilles-Haudriettes, ou dans toute autre rue, reçoit une cheminée sur la tête et n'en est pas écrasé du coup, ne peut se défendre d'un douloureux étonnement. La fluette madame Céline de Theveny éprouva une impression analogue en s'apercevant qu'elle était tombée amoureuse folle, amoureuse à lier du jeune Raoul Signon. Il n'y avait pas à s'en dédire, l'idée inébranlable et fixe était dans le joint : il s'agissait de vaincre, et surtout de ne pas mourir... Mais la jolie Parisienne perdit la tête, se sentant fourvoyée. Certes, auparavant elle avait aimé, autorisée par sa haute situation dans le monde, par sa noble attitude qui imposait le respect, par sa richesse inépuisable, et aussi par les éclatantes infidélités de son mari. Elle avait aimé, plus d'une fois peut-être, mais dans son monde aristocratique, où elle était reine et où ses pieds se posaient sur un terrain solide. Cette fois, entraînée dans la nécessité d'une aventure incertaine, elle devait avoir affaire à une sorte d'animal qu'elle ne connaissait pas. En un cas pareil, la méthode expérimentale s'imposait; il fallait avant tout se renseigner, connaître les forces et les faiblesses de l'ennemi. Pour cela, madame de Theveny s'adressa à Louis de Pertus, cet impeccable démon de Paris qui sait tout et le reste sur les bouts de ses doigts et qui, pour être utile au nouveau Balzac, s'il en revenait un, pourrait reprendre, non sans succès, l'emploi des Maxime de Trailles.

— Madame, dit cet historien, Signon est une manière de bohème, qu'on pourrait voir sans coiffe et sans semelle, si le hasard ne lui eût accordé deux cent mille francs de rente. Il a servi dans un régiment de hussards où il était lieutenant, et depuis qu'il a donné sa démission, n'a exercé, à ce que je puis croire, aucun métier. Il aime passionnément tous les arts, s'en va au bout du monde pour entendre un drame lyrique de Wagner, et achète sans marchander un dessin de Millet ou des éditions rares, que les Rothschild ont trouvées trop chères. Je ne sais s'il a composé des vers, et c'est une affaire entre sa conscience et lui, mais cela se peut bien, car il est aussi bête que doit toujours l'être un bon poète. En effet, il a l'esprit si divers, si ailé, si rapide, si apte à comprendre tout sans une objection, qu'il est aisé de lui persuader tout ce qu'on veut, comme à Jocrisse.

— Ah! dit madame de Théveny, il est bête!

— Oui, dit Pertus, et c'est pour cela, sans doute, qu'il est en même temps un sage.

— Comment l'entendez-vous?

— Mais, répondit le vieux lascar, Signon est beaucoup trop naïf pour s'assimiler les lieux communs et les conventions mondaines; aussi n'aime-t-il que ce qui est bon. Nulle fiction ne le ferait consentir à manger des asperges dans le temps où il n'y en a pas, ni à lire un livre palpitant d'intérêt et mal écrit, ni à entendre réciter des vers dans un théâtre. Son hôtel est exclusivement meublé de livres, de tapis, de coussins, de coffres peints en vermillon rehaussé d'or, et il n'admet pas chez lui d'autres fleurs que des roses coupées. Enfin, madame, il professe en amour les goûts les plus méprisables, et il appartient à l'école de Shylock, très aggravée, car il exige que ses amies lui apportent, non pas une, mais beaucoup de livres de chair.

— Mais alors, dit madame de Theveny, c'est un Caraïbe !

— Précisément, dit Pertus. Les dames avec qui on le rencontre sont toutes ornées d'une beauté souveraine, mais fortes à dompter des chevaux sauvages et à étouffer des loups dans leurs bras. Elles ressemblent, non aux nymphes et aux déesses empiriquement soufflées du divin Rubens, mais aux féroces guerrières qui combattent sous le ciel rouge de l'Afrique. Enfin, vous ne doutez pas de ma respectueuse admiration pour vous ; excusez ce qui dans mes paroles peut vous sembler insolite ; mais puisque Raoul Signon a pu, à un titre quelconque, intéresser votre curiosité, n'est-il pas nécessaire que vous le connaissiez complètement ? En somme, dans sa pensée, un seul : Tiens ! vaut mieux que trente-six mille : Tu ne l'auras pas ! et ce n'est pas à lui qu'on ferait prendre pour des lanternes les reflets blanchissants des étoiles !

— Ah ! dit madame de Theveny, devenue très pensive.

Puis elle congédia Pertus, sans lui recommander la discrétion, et, demeurée seule, songea. Raoul Signon, elle le savait, n'allait presque pas dans le monde; cependant, il paraissait à peu près régulièrement aux soirées de quinzaine de la marquise de Faverie; Céline était donc certaine de pouvoir le rencontrer. Mais une fois qu'il aurait ouvert ses yeux tout grands, que lui montrerait-elle? Pas de la chair, assurément, et là était la cruelle, la douloureuse question. Ses portes bien fermées, dans un boudoir où les murs étaient revêtus de glaces, madame de Theveny, les cheveux dénoués, et costumée comme un petit enfant qui vient au monde, se regarda, s'examina avec l'impassibilité de la critique la plus féroce. Elle n'était ni mince, ni légère, ni svelte, elle était maigre; elle n'avait rien de ce que n'a pas Catherine de Sion, et elle ne pouvait compter que sur son génie!

S'étant immédiatement habillée, la triste mais intrépide Céline de Theveny se rendit chez son couturier où, pendant des heures, elle causa, expliqua ses plans, dessina des croquis, coupa des étoffes. Elle eut le bonheur que sa pensée fut bien comprise et bien interprétée par l'habile ouvrier. Aussi le samedi suivant, chez madame de Faverie, apparut-elle comme une figure véritablement céleste.

Une femme moins géniale que cette ingénieuse Céline eût essayé de dissimuler sa minceur ; elle, au contraire, l'avait exagérée jusqu'à la plus audacieuse invraisemblance. Naturellement et sans nul effort, elle ressemblait aux saintes des Primitifs ; et elle avait donné à ce caractère une intensité attirante et sublime. Ses cheveux blonds, que leur soyeuse finesse pouvait faire paraître un peu pauvres, elle les avait aplatis, lissés jusqu'à ce qu'ils fussent seulement une tache de lumière ; son visage transparent, ses prunelles qui étaient comme des pierreries, créaient l'extase, et madame de Theveny était serrée dans une robe collante trop étroite pour son corps, robe qui, avec ses grands partis pris d'écarlate et de pourpre et ses rosaces d'or très larges, brodées avec un fini merveilleux, amincissait encore cette créature délicate, abominablement immatérielle. Raoul Signon fut d'abord étonné, avouez qu'il y avait de quoi ; présenté à Céline, elle le grisa et l'hypnotisa de sa voix de harpe angélique, et le bon bohème ingénu fut retourné comme un gant. Madame de Theveny, qui avait pioché le livre de Delécluze : *Dante et la Poésie amoureuse*, emporta son auditeur en plein treizième siècle, et, séance tenante, le convertit au platonisme ; car Louis de Pertus ne s'était pas trompé, et Raoul était, en effet, assez poète et assez imbécile pour se laisser transporter par la magie des mots dans n'importe quel ordre d'idées.

Il fut bien mieux converti encore lorsque, quelques jours plus tard, il fut reçu par madame de Theveny dans une chambre, ou plutôt dans une sorte de cellule qu'elle avait imaginée et composée exprès pour lui. Les murs en étaient couverts d'une étoffe blanche très légèrement brodée de jais blanc, et sur laquelle, très éloignés l'un de l'autre, brillaient d'un éclat effacé et pâli une palme d'argent et un lys d'or. Dans la trame du très épais tapis blanc, deux roses seulement pâlissantes, habilement figurées, semblaient déchirées et effeuillées par le vent. Pour tous meubles, des chaises d'ivoire d'un dessin subtil et spirituel, garnies d'un cannage doré à l'or vert et sur lesquelles on était très mal assis. C'est sur ces mauvais sièges que, pendant deux mois, Céline instruisit son ami au mystère de l'union des âmes et lui fit gravir en pensée tous les escaliers d'azur qui mènent aux paradis où l'on boit de l'harmonie et où l'on mange de la lumière. Complètement dompté, Raoul ne comprenait plus qu'il existât une vie non idéale. Il appartenait entièrement à madame de Theveny, et, pénétré par l'invisible charme, évanoui dans un néant délicieux, ne se souvenait pas d'avoir jamais désiré une autre chose que rien. A ce moment-là, étant venue à ses fins, ayant payé l'avide amour en bonne monnaie de singesse, une autre femme que Céline eût triomphé. Elle, au contraire, s'inquiéta, comprenant bien que l'absurdité même a ses limites, et elle se hâta de mander son vieil ami le docteur Voilquin.

Ce spirituel vieillard qui, mieux que pas un de ses confrères, s'entend à guérir les maladies des femmes, pensa d'abord qu'il en serait quitte pour envoyer sa malade à n'importe quelles eaux, innocentes ou coupables, choisies selon son caprice, ou pour lui ordonner l'application immédiate d'une rivière de diamants de cent mille écus; car Voilquin pensait du mari en général ce que Boileau (peut-être à tort) pensait de la rime; selon lui, ce bipède est un esclave et ne doit qu'obéir.

— Hélas, docteur, dit madame de Theveny, mon mari, occupé à parcourir les cinq parties du monde avec une gourgandine, me laisse libre comme l'oiseau. Je suis affreusement riche et je puis, tant qu'il me plaira, acheter des rivières de diamants, et aussi des fleuves! Mais il s'agit ici d'une bien autre paire de manches.

Alors, écartant son peignoir, avec un geste

d'une impudeur si osée qu'elle en fut superbe, et, montrant au vieux praticien une planche droite et lisse (il est vrai du plus bel ivoire, mais enfin une planche,) elle ajouta :

— Voici la question. Pouvez-vous me faire pousser de la chair là-dessus?

— Madame, dit Voilquin, avec l'aide de Dieu tout est possible, et, en tout cas, il ne vous en coûtera rien d'essayer.

Puis il donna ses conseils, que Céline se promit de suivre aveuglément. S'étant arrangée de façon que Raoul Signon ignorât où elle serait, reçût de temps en temps ses lettres par l'intermédiaire d'une servante fidèle, mais ne pût, lui-même, lui écrire, elle partit pour un château qu'elle possédait dans les Ardennes, à Aiglemont. Mais elle n'y entra que pour déposer ses malles inutiles, et s'en alla habiter tout près de là, aux Gibeauds, chez ses fermiers Cochard, dont la fille Margot est sa sœur de lait. Pendant six mois, elle y mena exactement la même vie que Margot Cochard, levée avant le jour, allant garder les vaches, restant pendant des heures sous la pluie, abritée par une cape blanche faite en linge, portant aux hommes leur repas dans les champs, faisant la lessive, donnant à manger aux cochons, et, le soir, dévorant la soupe aux choux et le lard

28.

avec la voracité d'une ogresse, puis filant sa quenouille et dormant dans les étables, sur le fumier. A ce jeu, une Parisienne délicate et frêle devait crever ; mais, au contraire, elle ne creva pas et devint robuste. Il lui vint tout ce qui lui manquait, et ses cheveux même se mirent à foisonner, comme une forêt d'épis.

Quand madame de Theveny revint à Paris, elle put inviter Raoul à dîner, d'autant plus aisément que son mari était alors à Constantinople, en compagnie de Nina Fidèle. Il arriva entre chien et loup, devant que les chandelles fussent allumées, et reprit, où il l'avait laissée, sa leçon d'amour platonique. Mais il fut frôlé par un bras dodu, qui sentait la chair fraîche, puis serré par deux bras, baisé comme du pain, et il eut l'occasion belle pour renier ses dieux récents. Un temps moral s'étant écoulé, la femme de chambre Arsène vint annoncer que madame était servie et, en passant dans la salle à manger, Raoul Signon ne fut pas médiocrement étonné de voir sur la table un opulent rosbif, bientôt découpé en tranches qui ressemblèrent à des feuilles de rose.

— Oui, mon ami, lui dit madame de Theveny, quand je n'ai eu à vous offrir que la rosée du ciel, je vous ai fait croire que cela se mangeait ; mais à présent, nourrissons-nous comme tout le monde. J'ai acquis une excellente santé, j'espère que je pourrai la conserver, et, d'ailleurs, c'est vous, désormais, que ce soin regarde!

ÉPILOGUE

J'attendais Chanderlos depuis un grand moment déjà. Car, selon l'ordre qu'il m'avait donné, j'avais fidèlement écouté les belles histoires et j'avais hâte de lui communiquer mes impressions. Il entra enfin, ses besicles sur le nez et tenant à la main un livre, qu'il lisait avec une admiration passionnée. Il ne me vit pas, s'assit sur une chaise et continua. Je passai derrière lui, je regardai par-dessus son épaule; je vis que le livre était les *Choses vues*, de Victor Hugo, ouvert à l'admirable chapitre sur la mort de Balzac. Mais, à tout prix, je voulais attirer l'attention du grand artiste qui fabrique des figures vivantes. Je revins donc me placer en face de lui, je le regardai entre les deux yeux.

— Monsieur, lui dis-je, vous ne m'aviez pas

trompé, en effet. Il est très certain que vos poupées sont des personnes, que leurs confessions suffisent à enseigner la vie, et que leurs histoires...

— Ah! certes, me dit-il, répondant à autre chose qu'à mes paroles, il est extrêmement fâcheux que Balzac soit mort si jeune. D'abord, il nous aurait encore donné cent chefs-d'œuvre, et il aurait certainement créé tout un Théâtre, qui eût été la conclusion et l'indispensable complément de *La Comédie humaine*. Enfin, comme il se souciait fort peu de la Politique, avec ses tours de gobelets et ses culbutes d'écureuil, il eût trouvé le seul sujet de poème épique dont le merveilleux puisse exister dans les âges modernes. Il eût certainement abordé et élucidé la question vraie, unique, palpitante, la seule qui mérite d'occuper les cervelles des hommes, la seule enfin qui offre un double intérêt poétique et social.

— Et, dis-je, quelle est cette question?

— C'est, dit Chanderlos, la question de savoir si Ceci mangera Cela, ou si Cela mangera Ceci, et à quelle sauce! En d'autres termes, qui triomphera définitivement, des courtisanes ou des femmes honnêtes? Car la lutte éternelle, acharnée et jamais lasse entre ces deux classes de personnes constitue, en somme, toute l'histoire de l'humanité. L'avez-vous remarqué? il n'est pas une beauté professionnelle qui ne dise couramment : Mon député! pour exprimer que sa condition implique virtuellement la possession d'un député. Il est vrai que beaucoup de femmes honnêtes disent, d'une manière analogue : Notre député, faisant ainsi entrer dans la communauté le législateur éclectique et séduisant qui sait toujours se créer quelques loisirs, dans les intervalles des travaux parlementaires. Mais qui l'emportera, de celle qui dit, tout bonnement : Mon, ou de celle qui dit : Notre? Vivrons-nous, au bout du compte, sous le règne de Portia ou sous celui de Phryné? Et à qui devrons-nous finalement obéir? Est-ce aux femmes honnêtes ou à celles — qui le sont moins?

— En cette affaire, dis-je, poser la question...

— N'est pas du tout la résoudre, reprit Chanderlos. Et, pour parler seulement de Paris et des Parisiennes depuis les premières années de ce siècle, l'Histoire des mœurs a eu, grâce à nos femmes de tous les états, plus de péripéties qu'une *Iliade*! En 1830, les hommes politiques, comme de Marsay et Rastignac, les poètes, les grands artistes, les êtres beaux comme Lucien de Rubempré, les dessinateurs comme Gavarni et Bixiou, ceux enfin qui faisaient l'opinion et décrétaient l'idéal, vivaient dans le monde et non pas, comme cela eut lieu plus tard, dans les cabarets et sur des bateaux de fleurs. Ils aimaient des femmes honnêtes, coiffées en bandeaux lisses, quelquefois maigres, mais volontairement poétiques, et dont l'esprit était trop cultivé pour qu'elles pussent être raisonnablement comparées à des grues. Comme la poésie et la littérature célébraient alors les Anges, les bien-aimées devaient toujours être angéliques, dans la mesure du possible; aussi les femmes honnêtes tenaient-elles résolument la corde! Notez ce point d'histoire, si décidément constaté par les Devéria et par les Gavarni de la première manière; pour avoir un peu de succès, les filles, dans ce temps-là, devaient se modeler sur les femmes honnêtes, et il ne fut pas rare de voir des demoiselles de sac et de corde vêtues d'une robe simple, coiffées d'un chapeau de peluche blanche, et tournant vers l'azur du ciel des regards séraphiques. Ainsi les femmes de foyer, entourées d'assez vilains meubles moyen âge à ogives, étaient victorieuses par elles-mêmes et par leurs ennemis; car, en se réduisant à les singer, les marchandes de baisers n'avaient-elles pas consenti à une évidente abdication?

— Mais, dis-je, comment cet ordre de choses a-t-il pu être modifié ?

— Comme tout arrive, dit Chanderlos, c'est-à-dire à la suite d'une évolution dans la littérature. Après avoir dévoré tant d'étoiles et de rayons de lune qu'il en avait contracté une indigestion astrale, le Romantisme s'aperçut que sa guenille lui était horriblement chère, et éprouva le besoin de toucher quelque chose, comme Harpagon parlant à Frosine, femme d'intrigue. Les opulentes croupes de Rubens, les cheveux roux des Vénitiennes de Véronèse furent découverts dans la réalité, comme sur les toiles peintes, et nos poètes, devenus plus avides que Shylock, exigèrent impérieusement beaucoup de livres de chair. Ils les obtinrent, car il n'y avait qu'à se baisser pour en prendre. Seulement, ces belles chairs de neiges et de rougissantes roses n'étaient pas toujours gouvernées par les lois de la morale la plus pure ; mais les nouveaux convertis se moquaient de cela, comme d'une tragédie classique ; car après un trop long carême, ils sentaient la nécessité de célébrer d'interminables festins. Ce fut alors la belle époque des demoiselles exemptes de préjugés, grâce auxquelles on échappait enfin aux figures par trop désintéressées qui ressemblent matériellement à des lys ! Et elles triomphèrent d'autant plus facilement qu'elles apportaient à leurs adorateurs un élément absolument nouveau : elles étaient propres, et lavées à grands flots dans l'eau des fontaines! Vous souriez? Mais ignorez-vous que les grandes dames du quinzième siècle, dans les salles mal closes de leurs châteaux, et que les Florentines du seizième avaient tout à fait négligé ce point de vue? Elles parfumaient une peau mal nettoyée, et s'en tenaient là; l'art de la toilette, renouvelé de l'antiquité païenne, est relativement très récent, et quand on eut connu les jeunes belles nettes comme l'hermine, on n'en voulut plus connaître d'autres.

— Ah! dis-je, cette fois, voilà, à ce que je crois, une révolution définitive, et je n'imagine pas que les femmes honnêtes aient jamais pu reprendre l'avantage.

— C'est ce qui vous trompe, dit Chanderlos, elles le reprirent! Par suite de circonstances qu'il eût fallu laisser dans l'ombre et sur lesquelles le Roman récent a eu le tort d'insister, il se trouve que des dames du bon monde vinrent à connaître, dans une certaine mesure, des dames du mauvais monde, et apprirent d'elles à se purifier, comme les musiciennes de Corinthe. Dès lors, madame de Maufrigneuse, ainsi que madame Jules, eurent tout pour elles; car si elles savaient parler, marcher, s'asseoir, traverser un salon et tout ce que ne savent pas les courtisanes, y compris l'orthographe, en même temps elles furent lavées, étuvées et baignées aussi bien que Florine, Esther et madame du Val-Noble.

— Allons, dis-je, voilà cette fois les hétaïres vaincues, à ne s'en relever jamais.

— En effet, il en eût été ainsi, dit Chanderlos, si, ayant dérobé le plus précieux des secrets à leurs fastueuses rivales, les personnes vertueuses avaient renoncé à leur parler jamais. Malheureusement, il n'en fut pas ainsi; les pourparlers continuèrent, et, mues par le désir de la vengeance, les diablesses qui avaient enseigné aux dames une profitable vertu, leur enseignèrent, en revanche, les plus détestables de tous les vices. Elles leur avaient naguère appris la réconfortante magie des eaux salutaires ; mais alors elles leur apprirent à se peindre, à se teindre, à se farder, à se maquiller, à se mettre des faux cheveux, des faux sourcils, des faux cils, et enfin toutes les horreurs! Puis, d'après leurs détestables modèles, les mères, les épouses, les femmes dignes de tous les respects, se couvrirent de bouts d'étoffe tourmentés, de rubans, de falbalas, de fanfreluches et, pour tout dire en un mot, de robes qui coûtent vingt fois le prix d'une robe, et ruinent celle qui les porte, avec son mari, ses enfants, son amant, si elle en a un, et même si elle en a trois. Phryné avait accompli cet admirable prodige de rendre Pénélope semblable à elle. Aussi lorsque passent dans la rue, toutes se dirigeant vers les mêmes Grands Magasins, des femmes appartenant aux classes sociales les plus diverses, on les reconnaît mal les unes des autres, et on pense involontairement à la célèbre phrase de *Lucrèce Borgia :* Si bien qu'en les voyant tous vêtus de rouge, galériens et cardinaux, on se demande si ce sont les galériens qui sont les cardinaux, et les cardinaux qui sont les galériens.

Oui, voilà ce qu'il y a de vraiment stupéfiant, délirant et grotesque. A présent, toutes les femmes se ressemblent, la bonne, la mauvaise, la sublime, la médiocre et la pire. Elles sont peintes, teintes, coiffées, tatouées et coloriées par les mêmes ignobles artifices, et comme on trouve toujours l'amour qu'on mérite, elles rencontrent toutes les mêmes amours, ceux que peuvent inspirer le fard, le rouge, les tignasses, les mastics, le crayon bleu et la pommade sur les lèvres! Certes, cet état de choses ne peut durer toujours, car tout s'use et finit, même ce qui est absurde. Un jour, se

lèvera une femme de cœur, de bravoure et de
génie, qui sera pour le culte du beau ce que
furent Napoléon pour la guerre et Victor Hugo
pour la poésie, la grande et définitive révolu-
tionnaire. Indignée et terrible, elle jettera à la
boue du ruisseau les faux sourcils, les faux
cils, les cheveux décolorés et colorés par les
infâmes chimies, le bleu, le rose, le rouge, le
blanc gras et le blanc maigre. Elle apparaîtra
aussi bien lavée et pas plus fardée que Vénus
jaillissant des flots amers, et celles qui voudront
paraître et être des femmes, devront lui ressembler, sous peine de néant. Ah! croyez-le
bien, le jour où elle viendra débarbouiller avec
de l'ambroisie (c'est-à-dire avec de l'eau pure,)
toute la race féminine, je compte bien modeler
à son image la plus belle et la plus irréprochable de toutes mes poupées! Mais quand
viendra-t-elle, et qui sera-t-elle? Voilà ce que
le grand Balzac eût pu seul deviner, avec son
instinct génial, et voilà pourquoi, entre autres
raisons, je regrette qu'il soit mort. Oui, qui
sera cette exterminatrice, cette vengeresse,
triomphant dans l'orgueil de son sang vermeil
et de sa chevelure? Car, selon qu'elle sera une
dame ou rien du tout neuf, nous appartiendrons,
en fin de compte, à la race d'Ève ou à la race
de Lilith, et certes, cela vaut bien qu'on y

songe. Vous avez eu une chance inouïe, dit en terminant le vieux Chanderlos, car mes poupées, interrogées, vous ont conté de véridiques histoires, d'un incontestable modernisme; mais quand l'ignoble mode du maquillage sera abolie, vous n'aurez qu'à interroger, en vous promenant, les visages bien lavés des vraies femmes vivantes, et ils vous en raconteront bien d'autres!

TABLE

		Pages.
	Prologue.	1
I.	Singulière Énigme	11
II.	Mariage forcé	23
III.	La vieille Courtisane	35
IV.	Le Soulier	47
V.	Le Baiser	59
VI.	Pasticheuse	71
VII.	Les Affiches	83
VIII.	Platonique	95
IX.	Prudence	107
X.	Les Maris	119
XI.	Politique	131
XII.	Chou blanc	143
XIII.	Innocence	155
XIV.	Positivisme	167
XV.	Manette	177

TABLE

	Pages.
XVI. Pessimisme	187
XVII. Documentaire	197
XVIII. Peau neuve	207
XIX. Muscades	219
XX. Chirurgie	229
XXI. Le Cigare	239
XXII. Des Jocrisses	251
XXIII. Archibald	261
XXIV. Pas chic	271
XXV. Illusioniste	281
XXVI. Laffon	291
XXVII. Jeu de l'Amour	301
XXVIII. Mademoiselle Hyacinthe	311
XXIX. Deuxième Édition augmentée	321
Épilogue	333

Paris. — Impr. G. Rougier et Cie, rue Cassette, 1.

BIBLIOTHÈQUE-CHARPENTIER
11, RUE DE GRENELLE, 11, PARIS

SCÈNES DE LA VIE
PAR
THÉODORE DE BANVILLE

I. ESQUISSES PARISIENNES
II. CONTES POUR LES FEMMES
III. CONTES HÉROÏQUES
IV. CONTES BOURGEOIS
V. DAMES ET DEMOISELLES
VI. LES BELLES POUPÉES
VII. CONTES FÉERIQUES

Chacun de ces ouvrages forme un volume et se vend séparément : 3 fr. 50 c.
ENVOI FRANCO CONTRE LE PRIX EN MANDAT-POSTE

Les Scènes de la Vie, où Théodore de Banville se révèle comme un conteur d'une observation intense et nouvelle, ne le cèdent en rien pour l'originalité de l'inspiration à son œuvre poétique. Avec les Esquisses parisiennes, les Contes pour les Femmes, les Contes Héroïques, les Contes Bourgeois, Dames et Demoiselles, les Belles Poupées, où tient en de vigoureuses études toute la vie moderne vue dans son milieu essentiel, les Contes féeriques complètent un ensemble qui sans eux demeurerait imparfait, tant le Surnaturel tient sa place dans une civilisation où la Science ne peut rien résoudre encore ! Les Scènes de la Vie sont un livre dont on peut dire que, réduit à cette unique lecture, un être isolé de tous n'ignorerait rien des ressorts qui nous font mouvoir et des passions qui nous déchirent. Mais destiné à être feuilleté par des lecteurs qui ont à leur disposition les chefs-d'œuvre, il sera encore pour eux un curieux memento qui, sans avoir la prétention de lutter avec nos grandes comédies, leur en rappellera le sens absolu et les lignes initiales.

DU MÊME AUTEUR

POÉSIE. — LES CARIATIDES, LES EXILÉS, ODES FUNAMBULESQUES
NOUS TOUS, 4 vol.

THÉATRE. — COMÉDIES, RIQUET A LA HOUPPE, 2 vol.

ÉTUDES. — PARIS VÉCU, MES SOUVENIRS, LA LANTERNE MAGIQUE
LETTRES CHIMÉRIQUES
PETIT TRAITÉ DE POÉSIE FRANÇAISE, 5 vol.

Imprimeries réunies, A, rue Mignon, 2, Paris. — 14743.

www.ingramcontent.com/pod-product-compliance
Lightning Source LLC
Chambersburg PA
CBHW070844170426
43202CB00012B/1934